MÉMOIRE

à consulter

SUR UN SYSTÈME

RELIGIEUX ET POLITIQUE,

TENDANT

À RENVERSER LA RELIGION,

LA SOCIÉTÉ ET LE TRONE.

PAR

M. LE COMTE DE MONTLOSIER.

Multa dies variusque labor mutabilis ævi
Rettulit in melius, multos alterna revisens
Lusit, et in solido rursùs fortuna locavit.
VIRGIL.

TROISIÈME ÉDITION.

PARIS

AMBROISE DUPONT ET RORET, LIBRAIRES,
QUAI DES AUGUSTINS, Nº 37.

MOUTARDIER ET COMPAGNIE,
RUE GIT-LE-COEUR, Nº 4.

1826

Imprimerie de R. Tastu.

MÉMOIRE

A CONSULTER.

Cet Ouvrage se trouve

A Bruxelles,

CHEZ GRIGNON,

MAISON BAUDOUIN FRÈRES.

IMPRIMERIE DE J. TASTU,

RUE DE VAUGIRARD, N. 36.

MÉMOIRE

A CONSULTER

SUR UN SYSTÈME

RELIGIEUX ET POLITIQUE,

TENDANT

A RENVERSER LA RELIGION,

LA SOCIÉTÉ ET LE TRONE;

PAR

M. le Comte de Montlosier.

Multa dies variusque labor mutabilis ævi
Rettulit in melius, multos alterna revisens
Lusit, et in solido rursus fortuna locavit.
VIRGIL.

TROISIÈME ÉDITION.

PARIS.

AMBROISE DUPONT ET RORET, LIBRAIRES,

QUAI DES AUGUSTINS, N. 37.

MOUTARDIER ET COMPAGNIE,

RUE GIT-LE-COEUR, N. 4.

1826.

MÉMOIRE A CONSULTER

UN SYSTÈME

RELIGIEUX ET POLITIQUE,

TENDANT

A RENVERSER LA RELIGION,

LA SOCIÉTÉ ET LE TRONE.

————

INTRODUCTION.

Un vaste système, tranchons le mot, une vaste conspiration contre la religion, contre le Roi, contre la société, s'est élevée. Je l'ai aperçue à son origine, je l'ai suivie dans ses progrès, je la vois au moment de nous couvrir de ruines. Cette situation m'étant connue, selon ma conscience je dois la combattre ; selon nos lois je dois la révéler.

Toutefois, pour combattre, comme il faut des armes ; pour révéler, comme il faut exposer et faire comprendre, sur ces deux points je me trouve également embarrassé.

Et d'abord, à ce mot de conspiration, on me demande si j'ai connaissance de quelque trame d'un prince étranger, méditant de s'emparer de la France ou d'une partie de son territoire ; on me demande si j'ai connaissance, contre la personne de nos princes, de quelque projet sinistre au dehors du palais ou au dedans.

Rien de tout cela. En même temps que la conspiration que j'ai à dénoncer est effrayante par ses progrès, elle est toute nouvelle par son caractère. Les trames de cette espèce sont ourdies, en général, par des hommes pervers avec des moyens pervers ; celle que je désigne est ourdie par des hommes saints, au milieu des choses saintes. Quel succès puis-je espérer ! C'est la vertu que je vais accuser de crime, c'est la piété que je vais montrer nous menant à l'irréligion, c'est la fidélité que j'accuserai de nous conduire à la révolte. Et alors, comme dans la liste de mes conjurés, on pourra voir le premier personnage de la chrétienté, celui que tout le monde appelle *Sa Sainteté*, et qui est en effet la sainteté même ; comme il sera question d'un ordre religieux qui a pu, dit-on, autrefois, commettre quelques fautes, mais qui est venu de lui-même se rétablir en France à l'effet de les réparer ; comme il sera question d'une ligue pieuse, formée dans nos mauvais temps pour la défense de l'autel et du trône, et qui aujourd'hui ne veut se maintenir que dans le dessein de les conserver ; comme il sera question d'un grand nombre de prélats et de bons prêtres, dignes confesseurs de la foi dans les temps révolutionnaires, et prêts encore à verser leur sang pour elle, on ne sait quel nom donner à mon entreprise ; on me demande si, au lieu d'une conspiration contre la religion, contre le Roi, contre la société, ce n'est pas plutôt une conspiration en leur faveur que je veux signaler.

Ici même on aperçoit un point important de la cause. On peut demander si, dans un état social régulier, il est permis à une collection particulière de citoyens de s'incorporer, de s'enrégimenter, de se combiner et de composer entre eux, sans l'autorisation de l'État, des règles, des signes de reconnaissance, des points de ralliement pour une

(4)

cause pieuse quelle qu'elle puisse être. Quand cette question soumise à MM. les jurisconsultes aura été décidée par eux en principe, ils auront à examiner, d'après les lois actuelles de l'État, ce qui est ou ce qui n'est pas licite en ce genre.

Relativement à la sainteté des pontifes, si nous nous en rapportons aux documens de l'histoire, on peut douter qu'elle ait toujours été à l'abri d'attentats sur la domination de nos rois. Au temps présent, nous verrons s'il n'y a pas déjà par la doctrine des tentatives commencées; que dis-je ! des formules toutes dressées.

En ce qui concerne un certain ordre religieux, il faudra voir si, à raison de la situation actuelle de la France, il peut être souffert parmi nous ; si, par sa nature, il peut être toléré chez aucun peuple. Il faudra voir surtout si, à raison des anciennes lois qui l'ont abrogé, ce n'est pas un scandale que l'audace avec laquelle il est venu se rétablir.

Enfin, à l'égard de ces bons prêtres, objet de mon respect, et que je vais pourtant accuser fortement, il ne s'agit pas de savoir s'ils ont la pensée d'une infidélité envers l'État et envers le Roi : jugés sur la question intentionnelle non-seulement on les absoudrait, peut-être même on leur décernerait des couronnes. Toutefois il s'agit de savoir si les actes qu'ils se permettent, si la ligne sur laquelle ils se dirigent, ne conduisent pas la religion et la France à sa perte.

Si les jurisconsultes de France à qui cet écrit est adressé adoptent cette crainte, mon dessein, quelles qu'en puissent être les suites, est arrêté. Pendant quarante ans de ma vie je n'ai cessé de combattre des opinions populaires toutes couvertes du sang de Louis XVI et de Charles Ier. Je ne ferai pas plus de grâce à une opinion religieuse égarée, couverte du sang d'Henri IV et d'Henri III. Royalistes fidèles, nous pûmes succomber en 1789 ; la révolution avait emporté avec la monarchie les magistrats et les lois. Aujourd'hui que la monarchie est rétablie, aujourd'hui que les magistrats et les lois veillent auprès du souverain, succomberons-nous de même ?

Au milieu de ces inquiétudes, deux arrêts de la Cour royale de Paris qui sont inter-

venus, ont pu ranimer le courage et faire concevoir des espérances. Malheureusement, par
le peu de traces qu'ils ont laissées, par le spectacle qu'ils ont présenté, par les intrigues
qu'ils ont mises à découvert, ils ont donné
lieu à de nouvelles inquiétudes. Il faut connaître à ce sujet le plan qui a été conçu.

Ceux qui nous ont donné les congrégations, les jésuites, l'ultramontanisme et la
domination des prêtres, ont imaginé, comme
une chose merveilleuse, de commander pour
ces inventions le même respect que pour la
religion. Cette ineptie exploitée avec beaucoup de talent a obtenu ses fins; il en est
résulté que pour une grande partie de la
France religieuse, la religion et les congrégations, la religion et les jésuites, la religion
et l'ultramontanisme, la religion et les refus
de sépulture ont été une seule et même
chose : dès-lors, ce qui restait d'impiété en
France a conçu des espérances; de tous côtés elle s'est mise en mouvement : deux
journaux ont été accusés de la seconder.

Je m'expliquerai franchement sur ces
journaux. Je ne les appellerai pas *révolutionnaires* : j'ai eu ce tort-là une fois; j'ac-

cepte à cet égard la réprimande qu'ils m'ont faite, et je les en remercie. Mais il n'en est pas moins vrai qu'habitués depuis long-temps à se rendre les interprètes des opinions ainsi que des intérêts émanés de la révolution, leurs attaques contre le *système* actuel pas-saient d'autant mieux pour des attaques ir-réligieuses, que, d'un côté, l'ancienne cou-leur de ces feuilles donnait des soupçons, et que, d'un autre côté, le *système* était pré-senté comme la religion même.

Dans cette position, où la religion placée dans les jesuites était si facilement attaquée, les chefs du *système* ont été justement ef-frayés. Obstinés à tenir ensemble leurs jé-suites et la religion, ils se sont mis à noter jour par jour, dans les journaux, les in-convenances qui pouvaient leur échapper, et ils en ont fait une masse pour un procès de tendance : procès dont l'objet le plus apparent était sans doute le maintien du respect pour la réligion, mais dont l'objet, beaucoup plus important peut-être, était le maintien de leur système.

L'artifice de cette combinaison n'a point échappé au public. S'il a soupçonné que dans

les attaques de deux journaux contre l'ultramontanisme et contre les jésuites, il entrait
quelque intention irréligieuse, il a vu encore
mieux dans la défense de M. Bellart et de
M. de Broë, en faveur de la religion, un intérêt plus sérieux en faveur des jésuites et
de la souveraineté du pape. Tout arrêt contre les deux journaux était d'avance inter-
prété dans ce sens.

Entre ces mensonges vernissés d'un peu
de vérité, la Cour royale qui ne voulait ni
abandonner la religion, ni adopter les jésuites, a pu se trouver embarrassée. Elle a commencé, dans l'intérêt de la religion, par
semoncer les journaux pour leur manque de
respect envers les choses saintes ; mais en
même temps elle a ouvert le sépulcre où se
tenaient cachés les véritables objets de la
cause. Elle a mis au grand jour les scandales
que le ministère public tenait dans l'ombre,
tandis qu'il produisait avec éclat des inconvenances et des imprudences.

Sans doute ces deux arrêts ont de l'importance ; sans doute ils ont rassuré à beaucoup d'égards nos consciences ainsi que nos
vieilles fidélités. Cependant, comme ils n'ont

fait que signaler les désordres au lieu de les poursuivre, le scandale d'impunité qu'ils ont proclamé est venu s'ajouter aux autres scandales. Avant les arrêts, je me proposais de dénoncer les délits; point du tout, c'est la Cour royale qui les dénonce, et elle se contente de les dénoncer. Les magistrats connaissent les lois, puisqu'ils les invoquent; les délits, puisqu'ils les signalent; et cependant les délits continuent à subsister au milieu des lois qui les frappent et des magistrats qui les accusent.

Cette situation qui révèle une singulière constitution sociale, révèle en même temps de nouveaux coupables et de nouveaux délits. Au milieu de ces difficultés, Rome fut un jour très-heureuse. Il s'ouvre dans ses campagnes un gouffre où un citoyen peut se précipiter pour la sauver. Messieurs les jurisconsultes, où est le gouffre? Au milieu de nos dangers, où sont les moyens de salut? Que peut-on faire avec des lois qui n'ont point de parole et des magistrats qui n'ont point d'action? Quelle est cette puissance mystérieuse qui plane sur nos lois pour les faire taire, sur nos magistrats pour les paralyser ? L'imagination s'étonne et demeure en suspens.

Dans cette situation, n'existe-t-il, comme on le dit, d'autres ressources que la liberté de la presse et le droit de pétition ? Si, par la nature même du mal, les avenues de l'opinion sont de tous côtés circonvenues ; si, par la même raison, les deux chambres sont prévenues et comme barricadées, quelle autre ressource reste-t-il que celle des moyens juridiques ? Dans le fait, comme les calamités que je dénonce ne sont point des nouveautés, comme je n'ai point à appeler à leur égard de la part du législateur des dispositions nouvelles ; en un mot, comme ce sont des délits, c'est-à-dire des infractions à des lois établies, c'est manifestement la voie judiciaire qui me paraît ouverte.

Cette première solution fixée, comme depuis long-temps les délits que j'accuse ne sont, de la part des magistrats, l'objet d'aucune attention, et que quelquefois on pourrait croire qu'ils sont vus par le gouvernement avec complaisance ; d'un autre côté, comme les délinquans, loin de figurer dans un ordre de personnes que peut atteindre la déconsidération, sont placés au contraire dans un rang éminent, il pourrait s'établir dans l'opinion, que des lois faites pour d'autres circonstances et d'autres temps sont aujourd'hui sans application et sans valeur, d'où l'on conclurait que sans les abroger positivement, il est permis de continuer à les laisser tomber en désué-tude.

Il m'importe d'effacer cette impression. Après avoir montré comment, pendant un certain laps de temps, ces lois n'ont pu être susceptibles d'exécution, je montrerai comment au temps présent (tout différent des temps passés), ce que j'ai appelé calamité mérite réellement ce nom, et comment se trouve menacée par-là la France religieuse et sociale.

En ce point même obligé de toucher à l'ordre religieux pour en élaguer des rameaux vénéneux ou parasites, j'ai à craindre par une censure, qui quelquefois devra être forte, d'affaiblir le respect qui lui appartient. Pour éviter cet inconvénient, il m'a paru indispensable de montrer en opposition au mauvais esprit que j'aurai signalé, le véritable esprit du christianisme, ainsi que le véritable caractère du prêtre.

Dans cette part diverse que j'aurai à distribuer d'accusation et d'excuse, de dureté et de ménagement, on ne croira pas, j'espère, que les excuses et les ménagemens soient de ma part une simple précaution oratoire. Ce soin de respect m'est commandé par l'équité envers les ministres de la religion, ainsi qu'envers les dépositaires de l'autorité ; il m'est commandé de même envers les magistrats des Cours royales ainsi qu'envers le ministère public.

A l'égard de celui-ci, il serait rigoureux de dire que formant autrefois un office, aujourd'hui une simple commission, il n'a plus la même énergie pour ses devoirs. Les anciens procureurs-généraux ainsi que les anciens conseillers au parlement qui avaient des offices inamovibles, n'en étaient pas moins accessibles aux rigueurs de l'autorité. Envoyés par des lettres de cachet à la Bastille ou en exil, ils ont su opposer, quand il a fallu, une résistance que leur devoir prescrivait.

J'aime à croire qu'il en serait de même

aujourd'hui. La négligence du ministère public relativement aux délits que j'ai signalés, me paraît provenir d'une autre cause. Il peut croire que des infractions qui ont commencé dans des temps de crise méritent encore aujourd'hui de l'indulgence, surtout quand il voit au haut de l'État, où se trouve le plus grand danger, ce danger traité avec indifférence, quelquefois avec faveur.

Par-là je suis ramené naturellement à l'état singulier de la France et aux vicissitudes par lesquelles elle y est arrivée.

La révolution ayant d'abord détruit la tête, puis ravagé tout l'intérieur de notre organisation, il en est résulté comme un grand espace vacant qui a été offert au premier occupant. C'est d'abord le bas peuple en masse, sous le nom de sans-culotte ; ensuite les hommes de la profession des armes, ensuite la classe moyenne. Cette situation ayant excité les espérances du clergé, il s'y est porté en masse avec ses jésuites, ses ultramontains, ses congréganistes. Nous sommes arrivés ainsi, après beaucoup d'autres souverainetés, à la souveraineté des prêtres.

Constamment fidèle à la véritable et légitime souveraineté, je combattrai aujourd'hui celle des prêtres, comme j'ai combattu celles qui l'ont précédée. En remplissant cette nouvelle mission, je n'ignore pas que de nouvelles traverses m'attendent. Je ne les appelle pas; je ne les repousse pas. Ce sera le complément d'une vie qui a été peu heureuse. Je pourrais bien dire ici, si je voulais, que mon opposition, loin d'être anti-religieuse, est au contraire toute favorable à la religion; que loin d'être dirigée contre les prêtres, elle est toute pour eux, et qu'ils sont et qu'ils seront toujours, malgré leurs écarts, l'objet de mes affections. Je pourrai ajouter à l'égard du plus grand nombre que je ne doute pas de leurs intentions. Ce que je dirais ne les convaincrait ni ne les apaiserait. Dans l'émigration, quand j'écrivais contre M. d'Entraigue et M. Ferrand, je ne doutais pas de leur zèle, de leur talent et de leurs intentions; je trouvais seulement qu'ils compromettaient la cause qu'ils voulaient servir. Il en est de même aujourd'hui des hommes qui, sous une forme ou sous une autre, veulent introduire la puissance spirituelle dans le gouvernement des choses civiles. Je repousse leurs vues, en même temps que je leur accorde mon respect.

Sur ce point, je dois prévenir ceux qui, mus par d'autres sentimens que ceux que je professe, seraient enclins à m'accorder leur approbation, que je ne l'accepte pas du tout. Au milieu des folies de Londres et de Coblentz, tourmenté dans mon existence et dans celle de mes amis par les prôneurs de ces folies, je n'en suis pas moins demeuré attaché à leur sort, et à tout ce qu'il y avait de noble dans leurs sentimens. Combien souvent alors et depuis, ne m'a-t-il pas été proposé de m'attacher à leurs adversaires? Combien de fois n'a-t-on pas osé me dire qu'ils m'accueilleraient ? Cet accueil qui m'était offert, je l'ai dédaigné. Ces émigrés qui me repoussaient ont conservé mon affection. Il en sera de même aujourd'hui. Ces prêtres dont je combats les prétentions, ces prêtres qui m'ont tant accusé et qui probablement m'accuseront encore, continueront à avoir mon respect. Ceux qui, par des principes de révolution ou d'impiété, me donneront des éloges, m'en verront attristé. Repoussé ainsi par des hommes qu'on chérit, accueilli par des hommes qu'on repousse, une telle vie n'est pas douce. Dieu me l'a faite ainsi. Dans peu, lorsqu'il lui aura plu de m'effacer de cette terre, si mes écrits subsistent encore, quelque âpre que soit leur composition, quelque peu de droit qu'ils aient à l'indulgence, on me pardonnera, j'espère; et peut-être aussi on me croira, car la mort a quelque chose qui demande grâce ; elle a aussi quelque chose qui donne de l'autorité.

PREMIÈRE PARTIE.

FAITS.

CHAPITRE PREMIER.

DE LA CONGRÉGATION.

La puissance mystérieuse qui, sous le nom de congrégation, figure aujourd'hui sur la scène du monde, me paraît aussi confuse dans sa composition que dans son objet, dans son objet que dans son origine. Il m'est aussi difficile de dire avec précision ce qu'elle est, que de montrer au temps passé, comment elle s'est successivement formée, étendue, organisée. Je dis *organisée*, avec cette restriction que quelquefois son corps est entier; et alors on y voit un tronc et des membres : d'autres fois une partie de ces membres s'en retire, il paraît comme mutilé. Le corps lui-même s'est composé de manière à pouvoir, quand cela lui convient, se dissiper comme une ombre : et alors on s'interroge, pour savoir s'il est vrai qu'il existe une congrégation.

Son objet n'est pas moins difficile à déterminer que sa nature ; ce sera, quand il le faudra, de simples réunions pieuses : vous aurez là des anges. Ce sera aussi quand on voudra un sénat, une assemblée délibérante ; vous aurez là des sages ; enfin ce sera, quand les circonstances le demanderont, un bon foyer d'intrigue, d'espionnage et de délation : vous aurez là des démons.

Un caractère aussi compliqué, et qui échappe dès qu'on veut le saisir, décèle dans les personnages dirigeans, non une habileté du moment, une science individuelle, mais un art profond perfectionné par d'anciennes traditions. Il décèle le génie particulier d'un corps vigoureusement constitué, et savamment organisé. Il est facile par-là de découvrir ses connexions avec une société monastique célèbre dont je traiterai ultérieurement, mais qu'il me suffit en ce moment d'indiquer, parce que douée d'une organisation robuste, dès qu'elle trouve un terrain qui lui est propre, son instinct est de s'y étendre, tant par ses racines que par ses rameaux, de manière à l'envahir bientôt tout-à-fait.

On croit communément que c'est par son enseignement que la société des jésuites est parvenue à une grande importance; l'enseignement y a sans doute contribué, mais c'est bien plus par un système particulier d'affiliations : lequel peut lui être commun avec d'autres corps religieux, mais que nul autre n'a porté à ce point de perfection depuis Pythagore dont la domination couvrit l'Orient, jusqu'aux temps modernes, où de simples mendians ont trouvé le moyen, non-seulement de s'emparer de l'Europe, mais encore de porter au-delà des mers le joug tantôt fleuri, tantôt sanglant de leur domination.

Au dix-septième siècle, où les jésuites dominaient en Allemagne, à Naples, en Italie, ce fut au moyen des congrégations; en l'année 1604 expressément, la république de Gênes fut informée que les jésuites avaient établi des sodalités où l'on prenait diverses résolutions contraires au bien public, et où les confrères juraient de ne donner leurs voix dans l'élection des magistrats, qu'à ceux de la confrérie. Le Sénat fit aussitôt publier un édit portant défense à ceux qui étaient membres de ces sodalités de tenir aucune assemblée.

La France se couvrit de même de congrégations; il paraît certain que Louis XIV s'affilia. Les jésuites ne se contentèrent pas de la société; ils cherchèrent à s'emparer de l'armée.

En l'année 1716, le gouvernement apprit que dans les différentes provinces, les jésuites s'appliquaient d'une manière particulière à gagner les soldats. Dans chaque régiment, ils avaient réussi à faire un certain nombre de prosélytes, auxquels ils prescrivaient des pratiques particulières de piété. Ces pratiques consistaient à réciter chaque jour des oraisons dont on distribuait des formules, et par lesquelles les soldats priaient pour la conservation de la religion et de l'État, qu'on avait eu soin de leur représenter comme étant dans un grand danger. Parmi les soldats prosélytes, les jésuites faisaient un choix de ceux qu'ils reconnaissaient comme plus dociles, pour en former une confrérie sous le nom de *Sacré cœur de Marie*; ceux-ci n'étaient admis qu'après avoir prononcé des vœux garans de leur fidélité. Ces vœux consistaient à promettre de défendre jusqu'à la mort la bulle *Unigenitus*, les droits du pape et le testament du feu roi.

Cette ligue, dans laquelle quelques évêques étaient entrés, ayant été découverte, le gouvernement fut embarrassé; il craignit qu'en approfondissant juridiquement cette affaire, il n'en résultât, tant pour la religion que pour l'armée, un éclat fâcheux. Tout en s'efforçant de l'étouffer, il cherchait à dissimuler, lorsque tout-à-coup quarante soldats du régiment de Bretagne présentent à leur colonel un *placet* tendant à ce qu'il leur soit accordé les facilités nécessaires pour remplir leurs statuts. On apprit, par ces statuts, que dans toutes les villes où ils se trouvaient en garnison, et même dans leur marche, les soldats affiliés devaient s'assembler dans un même lieu; qu'ils avaient des chapelles particulières; qu'ils formaient, avec un certain nombre de soldats des autres régimens, un même corps uni par des liens communs sous la direction des jésuites. Le mouvement extraordinaire qui eut lieu cette année dans les troupes, confirma ces informations; il fit connaître que ces associations avaient déjà gagné toute l'armée. Partout où il y avait des maisons de jésuites, les connexions des soldats avec ces maisons étaient remarquables; là où il n'y en avait pas, comme les soldats associés se réunissaient d'eux-mêmes dans des églises particulières au son de la cloche, pour des exercices de piété, ces connexions et leurs principes furent faciles à découvrir. Les choses étant à ce point, le gouvernement crut devoir se prononcer. Il défendit à toutes les troupes les associations; l'évêque de Poitiers, compromis dans ces manœuvres, reçut une réprimande.

Ces précautions préservèrent l'armée. La société n'en demeura pas moins infectée; c'est au point qu'en 1742, il y avait plus de deux cents villes ou bourgs du royaume où cette dévotion était en vigueur, et un peu plus de sept cents institutions de cette espèce, les unes sous l'invocation de la *Croix*, d'autres sous le nom du *Saint-Sacrement*, ou du

Saint-Esclavage de la Mère de Dieu; dans toutes il était recommandé, comme dans celles d'aujourd'hui, *d'être soumis aux princes et aux magistrats, et de faire toute sorte de bonnes œuvres.*

Ces stipulations, peut-être réelles, peut-être aussi de démonstration, n'empêchèrent pas le parlement, toutes les chambres assemblées, de rendre, le 9 mai 1760, un arrêt par lequel il supprima les congrégations.

Soit par ces dispositions, soit par l'effet de la suppression des jésuites qui eut lieu deux ans après, on pourrait croire que les associations de ce genre vont disparaître; elles se conservent. On voit aujourd'hui dans les Mémoires d'une dame célèbre, que long-temps après cette époque, un ministre du roi fut trouvé, à sa mort, revêtu des insignes consacrés par les affiliations.

Je ne crois pas nécessaire de mentionner le temps de la révolution. Il est probable qu'alors les affiliations s'effacèrent; elles reparurent bientôt. Sous Bonaparte, pendant le consulat même, j'ai pu savoir qu'il lui avait été présenté divers mémoires dans lesquels, sans parler des jésuites, on cher-

chait à établir qu'un bon système d'instruction publique ne pourrait avoir lieu en
France s'il n'était confié à une congrégation
religieuse : cette proposition ne l'effraya point.
Peu de temps après, sous la direction du
respectable M. Emery, supérieur général de
Saint-Sulpice[1], et sous la protection de M. le
cardinal Fesch, il se forma, sans aucune opposition de la police, certaines assemblées
religieuses dont l'objet était de se fortifier
dans la piété; elles avaient par-là même de
l'analogie avec les anciennes congrégations.
En même temps, comme il commença à se
montrer sous le nom de *Pères de la Foi* de
véritables jésuites, ces deux institutions se
trouvèrent naturellement en rapport. Quelques évêques, principalement une partie du
clergé rebelle au nouveau concordat, et
s'intitulant la Petite Église, vinrent se joindre
à ces élémens, et les fortifièrent. Dès l'année
1808, sous la direction d'un jésuite connu,
la congrégation fondée sous l'invocation de

[1] Saint-Sulpice est, comme on sait, une création
et une affiliation des jésuites.

la Vierge (dénomination qu'elle portait au temps de la Ligue) eut, comme la Ligue, ses chefs, ses officiers, son président.

Secondée par les événemens de la première restauration, la congrégation prit un grand essor. Le 20 mars ne l'affaiblit pas ; au contraire il en anima le zèle ; il lui donna surtout une couleur politique. C'est alors que se formèrent, soit avec tous les mouvemens du Midi, soit avec toutes les Vendées partielles qui s'élevèrent, des liaisons qui ont subsisté depuis. La gravité des circonstances, le danger commun qui renforcèrent ces liaisons, renforcèrent par-là même les engagemens. Je ne puis dire si ces engagemens sont aujourd'hui pour toutes les catégories des vœux ou de simples promesses. J'ai quelques raisons de doute sur ce point. Au temps dont je parle, je suis assuré, qu'au moins pour les hauts grades, les engagemens étaient des sermens ; que ces sermens étaient d'obéissance passive, et qu'ils étaient reçus par des jésuites.

La seconde restauration opérée, la congrégation devait n'avoir plus d'action : c'est alors qu'elle en eut davantage.

Pendant tout le temps qui suivit l'ordonnance du 5 septembre, on doit se souvenir que le gouvernement, entraîné dans une direction anti-royaliste, s'approchait de plus en plus de la révolution. Chaque jour le péril devenait imminent. Dans cette extrémité où les plus grands efforts étaient devenus nécessaires, on s'appela de tous côtés, on s'excita, on se réunit. Dans toutes les villes du second et du troisième ordre, dans la capitale, à la cour, les affiliations se multiplièrent. Une correspondance secrète fut organisée dans toutes les parties de la France. Les postes furent si bien distribués, que dans les provinces les plus éloignées, la congrégation était informée de divers événemens qui souvent n'étaient connus du gouvernement et consignés dans le Moniteur que huit jours après. Je ne puis douter du fait.

C'est alors que commence à se montrer ce que la malveillance a appelé le *gouvernement occulte :* dénomination fausse en tout point, car, dans ce qu'on a appelé ainsi, il n'y eut rien d'*occulte ;* il n'y eut pas surtout de gouvernement. Des étourdis, pour se donner de l'importance, ont pu, dans leur correspondance particulière, donner à une réunion habituelle auprès de l'héritier du trône, un caractère qu'elle n'avait pas. Cette réunion a formé, à ce que je crois, les premiers élémens d'un conseil qui, à la décadence du feu roi et de son aveu, a participé en quelque sorte au gouvernement. En beaucoup de cas, ce conseil a pu s'aider aussi du zèle et des efforts de la congrégation. Voilà dans l'ensemble de contes qui ont été faits, ce que je puis reconnaître de réalité.

Au surplus, l'assemblée de 1815, royaliste et religieuse, avait tellement décrédité, par ses bévues, les opinions royalistes et religieuses, que le zèle religieux et royaliste de la congrégation eut peu de faveur. D'un autre côté, l'ordonnance du 5 septembre qui survint, la loi du recrutement, celle des élections et tout un ensemble d'influences et de directions démocratiques, avaient tellement perverti l'opinion, qu'il n'y eut plus moyen d'entreprendre quelque chose avec la congrégation. C'est au point que, sans le secours d'une partie notable de bons et honorables plébéiens, de bons et honorables libéraux, le trône n'eût point été préservé. C'est en vain qu'au renouvellement intégral de l'assemblée de 1815, ainsi que dans les renouvellemens partiels des années suivantes, la congrégation mit ses forces en mouvement ; on eut constamment de mauvaises élections, et par-là une continuation de mauvaises assemblées. La Providence a voulu que ce fût par une de ces mauvaises assemblées que l'ancienne loi des élections ait été détruite, et la monarchie remise à flot.

La nouvelle loi des élections était une grande victoire. La congrégation s'en empara. Elle en prit avantage pour rétablir de plus en plus les principes monarchiques. On a demandé à ce sujet si Louis XVIII en connaissait l'existence. Je puis répondre affirmativement. Un fonctionnaire public le consultant un jour sur l'emploi qu'il en pourrait faire pour son service : « Les corporations de cette espèce, lui répondit le monarque, sont excellentes pour abattre, incapables de créer. Faites au surplus ce que vous jugerez nécessaire. » On voit par-là qu'il ne faisait que la tolérer.

Les mouvemens de la congrégation ne

pouvaient échapper à l'agent secret de la Sainte-Alliance ; il est à ma connaissance qu'un état détaillé de sa composition, de son organisation et de son objet avec le nom des principaux chefs dirigeans, fut envoyé aux diverses cours. On apprend ainsi que pendant tout le temps de la crise que j'ai signalée, les puissances nos amies, effrayées comme nous de l'état de la France, ne s'étaient pas contentées des instructions ordinaires de leurs ministres. Tandis que les ambassadeurs paradaient ostensiblement autour du trône, un agent particulier envoyait régulièrement à la frontière des dépêches qui, là, étaient transcrites à plusieurs copies, pour être expédiées aux principales cours.

Avec un tel ensemble de circonstances et le progrès continu de la congrégation, le ministère Richelieu, Pasquier et de Serres, qui avait succédé à celui de M. Decaze et qui s'obstinait à se tenir dans une ligne sémi-libérale, ne pouvait se conserver. Il hésita un moment. Une nouvelle dissolution de la chambre fut presque mise en délibération. Il aima mieux se retirer que d'exposer la France à de nouvelles commotions.

Ce fut l'époque de l'élévation de M. de Villèle. Ce choix que la congrégation elle-même avait sollicité ne fut pas long-temps respecté. Au temps où sa prépondérance n'était pas encore fixée, ce choix lui avait paru une fortune. Quand sa prépondérance fut assurée, ce choix lui parut insuffisant. Se prévalant de quelques échecs éprouvés aux chambres, la congrégation osa demander un ministre nouveau.

Louis XVIII n'était plus. Son successeur, qui, du vivant même du monarque, mais avec son consentement, avait créé ce ministère, souffrait de s'en séparer. Comment abandonner des serviteurs qui, dans de mauvais temps, ont été dévoués et qui continuent à demeurer fidèles! J'ai lieu de croire que des négociations furent ouvertes à l'effet d'apaiser la congrégation. On imagina de faire entrer tout à la fois le ministère dans la congrégation et la congrégation dans le ministère. Déjà les postes, la police de Paris, sa direction générale, avaient été données aux affiliés. Il ne manquait plus que d'enrôler les principaux ministres eux-mêmes. Je ne puis ou je ne veux rien affirmer de positif.

Je sais seulement que les bruits les plus ri-
dicules en ce genre ont couru.

Il ne suffit pas à la congrégation de s'être
emparée des postes, des deux polices, et d'a-
voir en quelque sorte soumis le ministère ;
sa dissémination dans toutes les parties du
royaume donna lieu à un nouveau système
de surveillance. L'espionnage était autrefois
un métier que l'argent commandait à la bassesse. Il fut commandé à la probité. Par les
devoirs que la congrégation impose, on assure qu'il est devenu comme de conscience.
On est prêt à lui donner des lettres de noblesse.

Les classes inférieures de la société furent
traitées à cet égard comme les classes supérieures. Au moyen d'une association dite de
Saint-Joseph, tous les ouvriers sont aujour-
d'hui enrégimentés et disciplinés ; il y a
dans chaque quartier une espèce de cen-
tenier qui est un bourgeois considéré dans
l'arrondissement. Le général en chef est
l'abbé L..., jésuite secret. Sous les auspices
d'un grand personnage , il vient de se faire
livrer le grand Commun de Versailles. Là il
se propose de réunir comme dans un quar-

tier-général huit à dix mille ouvriers des dé-
partemens. D'énormes dépenses ont déjà été
faites pour mettre ce bâtiment en état de
loger les enrégimentés. Après avoir peint en
blanc rosé l'intérieur comme l'extérieur de
ce vaste édifice, on en refait à neuf la toi-
ture. Un million suffira à peine pour tout ce
qu'on consent à faire au gré de M. l'abbé
L...

En même temps que les ouvriers ont été
disciplinés, on n'a pas négligé les marchands
de vin. Quelques-uns d'entre eux ont été
désignés pour donner leurs boissons à meilleur marché. Tout en s'enivrant, on a des
formules faites de bons propos à tenir, ou
de prières à réciter. Il n'y a pas jusqu'au
placement des domestiques dont on a eu
soin de s'emparer. J'ai vu à Paris des femmes de chambre et des laquais qui se disaient
approuvés par la *congrégation*.

Les villages de la campagne, les officiers
de la cour, la garde royale n'ont pu échapper à la congrégation. Il est à ma connaissance qu'un maréchal de France, après avoir
sollicité long-temps pour son fils une place
de sous-préfet, n'a pu finalement l'obtenir

que par la recommandation du curé de son village à un chef de la congrégation.

Je ne sais rien de positif sur la chambre des pairs. Pour la chambre des députés, au mois d'avril dernier, le public y comptait tantôt cent trente membres de la congrégation, tantôt cent cinquante. Un député, membre de la congrégation, que j'ai pu interroger, ne m'en a accusé que cent cinq. Depuis ce temps, on assure que le nombre a augmenté.

La congrégation peut présenter, selon les points sous lesquels on l'envisage, des aspects divers ; ses parties n'étant pas encore bien agencées, toutes ses connexions ne sont pas encore bien établies : c'est ce qui fait que certaines informations paraissent se contredire. Sous un rapport, les forces de la congrégation sont immenses ; elles se composent d'abord du parti jésuitique dont le centre est à Rome, à l'école de Sapience. Après le parti jésuitique, un autre appui ardent de la congrégation est le parti ultramontain. A côté de celui-ci se tient un troisième parti, dont les nuances rapprochées à quelques égards ne sont pas tout-à-fait les mêmes. C'est ce qu'on peut appeler le parti *prêtre*. Il est composé de ceux qui, à tout risque et à tout péril, veulent donner la société au sacerdoce. Pour ceux-là, la puissance du pape n'est pas en première ligne : ils ne le considèrent que comme subsidiaire. Ils sont prêts à abandonner quand on voudra la doctrine de la suprématie de Rome sur les rois, pourvu que les rois reconnaissent la leur. Ils signeront tout d'abord le formulaire de 1682, si le Roi consent à mettre la société dans leurs mains.

Tels sont les différens sols auxquels tient par de fortes racines la congrégation. Elle a de plus fortes racines encore dans les consciences par les sentimens religieux qu'elle professe, et dans les opinions par ses doctrines royalistes ; elle en a surtout dans la puissance civile et politique qui, presque en entier, s'est composée selon ses directions.

Avec ces forces qui sont immenses, on peut apercevoir des points de faiblesse : elle résulte de ce que, composée d'une multitude de partis qui tantôt se rapprochent, tantôt se retirent, si quelquefois elle présente un volume immense , quelquefois aussi elle est réduite à n'être qu'une ombre. En effet, le parti jésuitique , le parti ultramontain, le parti prêtre ne marchent pas toujours ensemble. Le parti royaliste lui-même n'ayant pas les mêmes couleurs, la congrégation est sujette à perdre de grandes forces. Par exemple, si au milieu de nos événemens politiques elle vient à se jeter dans quelque voie aventureuse , le parti jésuitique qui par-dessus tout, ne veut pas se compromettre, l'abandonnera. Il se conduira de même envers le parti ultramontain ; Montrouge signera quand on le pressera la déclaration de 1682 ; le parti ultramontain signera à son tour, si on le lui commande, l'abolition des jésuites : la congrégation en ferait autant , si elle y voyait sa convenance. Comme tous ces partis ont pour premier instinct celui de leur conservation, et pour premier objet celui de la domination, ils s'appuieront, se serviront, se desserviront, selon l'impression qu'ils recevront de l'un ou de l'autre de ces mobiles.

Toutefois, encore que ces élémens soient selon les événemens sujets à s'éloigner ou à se rapprocher, et ainsi à présenter un volume différent, comme la congrégation est toujours sous le même nom et que les additions ou soustractions qu'elle peut éprouver sont rarement aperçues, l'effet général reste à peu près le même. Le mouvement imprimé par un petit comité dirigeant composé de huit ou dix personnes, paraîtra dans le public avec le volume entier et toute l'autorité de la congrégation. C'est ainsi dans la révolution que des associations prenant le nom de comité de salut public, encore qu'ils fussent formés d'élémens opposés, remuaient la France et l'Europe par des arrêtés qui n'étaient émanés quelquefois que de trois ou quatre individus.

Dans cet état, la congrégation qui remplit la capitale domine surtout les provinces. Elle forme là, sous l'influence des évêques et de quelques grands vicaires affiliés, des coteries particulières. Ces coteries, épouvantail des magistrats, des commandans, des préfets et des sous-préfets, imposent de là au gouvernement et au ministère. Je n'ignore pas que tout cet ensemble paraît admirable à certaines personnes. Nous examinerons

cela dans une autre partie. En ce moment,
je n'ai à exposer que des faits. Je passe aux
jésuites.

CHAPITRE II.

DES JÉSUITES.

LE jésuitisme tire une grande force des congrégations ; il en tire aussi de l'enseignement. Au moyen des congrégations, tout un pays se couvre d'influences secrètes, d'où se produit au besoin un ferment intérieur ; au moyen de l'enseignement, un mouvement patent se joint à un mouvement secret : par les enfans, on a les familles. Au moyen des congrégations, il se forme de nouvelles habitudes, de nouvelles mœurs, et en quelque sorte un peuple nouveau au milieu de l'ancien peuple ; au moyen de l'enseignement, les esprits sont saisis en même temps que les habitudes ; un empire de doctrine s'ajoute à un autre empire. On ramasse ainsi avec le petit peuple, sous le même sceptre, un peuple plus important. Les rois, les grands, les académies, les savans, les évêques, le clergé, les souverains pontifes eux-mêmes viennent successivement bon gré mal gré se ranger sous le joug.

Cette double force une fois composée et son importance une fois sentie, le grand plan se développe. Fortifier et aider les puissances amies, soumettre avec habileté les puissances douteuses, combattre avec acharnement les puissances ennemies, voilà pour l'Europe. Bientôt l'Europe ne suffit pas. Une surabondance de vie a besoin de se porter en Afrique, en Amérique, en Asie. Partout c'est la société tout entière et son gouvernement qu'on envahit. Dans ce système, les grands et le petit peuple, les erreurs et les lumières, la science et l'ignorance, l'élévation, la bassesse, les vertus, les passions, les crimes, tout est bon, tout trouve sa place. On est, selon l'occasion, cruel ou bienfaisant, relâché ou austère, respectueux ou hautain. On aura de même, selon les circonstances, l'extérieur de l'opulence ou celui de la pauvreté, l'ostentation de l'obéissance ou celle de la révolte. On sera gallican à Paris, ultramontain à Rome, idolâtre à la Chine; on sera ici sujet soumis, ailleurs sujet rebelle.

(40)

Missionnaire , marchand , mathématicien , astronome, guerrier , législateur , médecin ; qui que vous soyez , adressez-vous à nous ; nous sommes de tous les pays , de toutes les professions et de tous les métiers.

Ce caractère étant défini, on conçoit comment toutes les attaques contre les jésuites, quand elles ont voulu se préciser , se sont trouvées fausses ; et comment toutes les apologies, quand elles ont voulu avoir des traits positifs, se sont trouvées faibles. De la grandeur : voilà ce qu'on aperçoit constamment ; et c'est ce que M. de Pradt, dans son dernier ouvrage , a très-ingénieusement et très-éloquemment établi.

Au premier moment où les jésuites s'introduisirent en France, comme ils se proposaient pour l'enseignement, l'université qui était préposée à cet enseignement, leur demanda qui ils étaient ; ils refusèrent de répondre. On le leur demanda jusqu'à trois fois ; même silence ; à la fin : Nous sommes TELS QUELS, *tales quales ;* c'est tout ce qu'on put arracher d'eux.

Le parlement de Paris, devant qui ils se présentèrent, les ayant renvoyés à M. l'é-

vêque de Paris , Eustache de Bellai examina
leurs bulles , et prononça aussitôt « que les-
» dites bulles contiennent plusieurs choses
» qui semblent sous correction aliénés de
» raison , et qui ne doivent être tolérées ne
» reçues en la religion chrétienne [1]. »

La Sorbonne qui , à son tour , fut chargée
du même examen , décida , au bout de quelques mois , « que cette société semble péril-
» leuse au fait de la foi , perturbatrice de la
» paix de l'Église , tendante à renverser la
» religion monastique , et plus propre à dé-
» truire qu'à édifier [2]. »

Ces décisions ne détournèrent point les
jésuites.

Au colloque de Poissy , les évêques vou-
lurent les soumettre à toutes sortes de restrictions. Ils n'en tinrent compte. Les voilà
dans la Ligue ; et alors peu importe que

---

[1] Advis de M. l'évêque de Paris , en l'an 1554.

[2] « Itaque his omnibus atque aliis diligenter exami-
» natis et perpensis , hæc societas videtur in negotio
» fidei periculosa , pacis Ecclesiæ perturbativa , mo-
» nasticæ religionis eversiva , et magis in destructio-
» nem , quam in ædificationem. — 1 déc. 1554. »

Henri IV protestant ait fait abdication : il faut qu'il périsse. Les jésuites ont pour cela des doctrines faites. Ils ont aussi une chambre de méditations. On va voir ce que c'est.

« Jean Châtel enquis s'il n'avait pas été
» dans la chambre des méditations, où les
» jésuites introduisaient les plus grands pé-
» cheurs qui voyaient en icelle chambre les
» portraits de plusieurs diables de diverses
» figures épouvantables, sous couleur de
» les réduire en meilleure vie pour ébran-
» ler leurs esprits et les pousser par telles
» admonitions à faire quelque grand cas, a
» dit qu'il avait été persuadé à tuer le roi,
» a dit avoir entendu en plusieurs lieux
» qu'il fallait tenir pour maxime véritable
» qu'il était loisible de tuer le roi, et que
» ceux qui le disaient l'appelaient tyran.
» Enquis si le propos de tuer le roi n'était
» pas ordinaire aux jésuites, a dit leur avoir
» ouï dire qu'il était loisible de tuer le roi,
» et qu'il était hors de l'Église, et ne lui
» fallait obéir ne le tenir pour roi jusqu'à ce
» qu'il fût approuvé par le pape. De rechef
» interrogé en la grand'chambre, Messieurs
» les présidens et conseillers d'icelle assem-

(43)

» blés, il a fait les mêmes réponses, et si-
» gnamment a proposé et soutenu la maxime
» qu'il était loisible de tuer les rois, même-
» ment le roi régnant, lequel n'était en
» l'Église, ainsi qu'il disait, parce qu'il n'é-
» tait pas approuvé par le pape. »

Le père Guignard et le père Gueret, in-
terrogés sur ces doctrines, ayant été convaincus et exécutés en place de Grève, les
jésuites furent chassés.

Tout chassés qu'ils sont, leurs nombreux
affiliés ne le sont pas [1]. Henri IV investi de
nouveau, tantôt de leurs poignards, tantôt
de leurs intrigues, gémit quelque temps,

---

[1] Si on veut avoir une idée du fanatisme que ces
hommes savaient inspirer à leurs élèves, il faut lire
dans leurs lettres annuelles de 1594 et 1595 aux Pères
et aux Frères de la Société le récit de la prétendue
persécution, qu'ils disent avoir éprouvée à Lyon.
Les parens, disent-ils, et les magistrats avaient beau
venir dans les écoles tourmenter leurs jeunes élèves,
et les menacer de la mort; ils ne purent jamais arracher d'eux autre chose, si ce n'est qu'on devait respecter sans doute le roi légitime, mais qu'il n'y avait
de roi légitime que celui que l'autorité du pape reconnaissait.

hésite, balance. « N'est-ce pas une chose
» étrange, écrivait-il à Sully, de voir des
» hommes qui font profession d'être reli-
» gieux, auxquels je n'ai jamais fait de mal,
» ni en ai la volonté, qui attentent journel-
» lement contre ma vie ? » Une autre fois :
« Il me faut faire à présent, lui disait-il, de
» deux choses l'une : à savoir d'admettre
» les jésuites purement et simplement, les
» décharger des opprobres desquels ils sont
» flétris, et les mettre à l'épreuve de leurs tant
» beaux sermens et promesses excellentes, ou
» bien les rejeter plus absolument que ja-
» mais, et leur user de toutes les rigueurs
» et duretés dont on se pourra aviser, afin
» qu'ils n'approchent jamais ni de moi ni
» de mes États : auquel cas il n'y a point de
» doute que ce soit les jeter dans le dernier
» désespoir, et par icelui, dans des desseins
» d'attenter à ma vie. »

Quand on connaît ces faits, on peut juger
le degré d'impudence avec lequel on ose
produire aujourd'hui une prétendue réponse
de ce monarque aux remontrances du premier président du Harlay; pièce évidemment fausse et altérée par les jésuites.

Enfin, pour sa propre sûreté, Henri IV, qui avait cru les gagner par la confiance, se remet dans leurs mains. Comment s'en trouvera-t-il !

On ne peut pas dire pleinement que ce soit par l'instigation des jésuites que Ravaillac ait agi, on peut dire au moins que ce fut par celle de leur doctrine. Et ne croyez pas que honnis et dénoncés de tous côtés, les jésuites reviennent de ces maximes. Ils les prônent plus que jamais. Le père Santarel publie à Rome, avec approbation des supérieurs de l'ordre et du général, un livre où il met en principe « que le pape peut punir » les rois et les princes de peines tempo- » relles; qu'il les peut déposer et dépouiller » de leurs États pour crime d'hérésie, et » qu'il est en droit de dispenser leurs sujets » du serment de fidélité. »

Le parlement de Paris ne pouvait se dispenser d'informer contre ce livre. Les jésuites de Paris sont mandés à la barre du parlement. Le fameux père Cotton répond « qu'il » improuve cette doctrine, et qu'il est prêt » de publier son improbation. » — « Mais, » lui dit-on, ne savez-vous pas que cette

» méchante doctrine a été approuvée par
» votre général ? » Il répond : « Notre gé-
» néral qui est à Rome, ne peut pas faire
» autrement que d'approuver ce que le pape
» approuve. Nous, qui sommes à Paris, ne
» sommes point imputables de cette impru-
» dence. »

Sous Louis XV, quoique les jésuites aient été soupçonnés de l'attentat de Damiens, on peut dire qu'il n'y a encore que des soupçons. Seulement, ce qu'il y a de singulier, c'est que dans l'année même 1757, il paraît une nouvelle édition d'un livre du père Busembaum, publié et commenté par le père Lacroix. Dans ce livre condamné au feu par arrêt du parlement, il est dit qu'*un homme proscrit par le pape peut être tué partout.* « Quelle année, s'écrie à ce sujet l'a-
» vocat-général du parlement de Toulouse,
» pour produire un livre qui renferme une
» doctrine aussi détestable ! Nous osons le
» dire, Messieurs, la réimpression d'un tel
» ouvrage concourant avec l'exécrable at-
» tentat dont nous gémissons encore (l'as-
» sassinat de Louis XV), est un crime de
» lèse-majesté. »

De tout cela faut-il conclure que les jésuites aient un véritable dévouement pour
le pape ? Pas le moins du monde. Ils le traite-
raient lui-même avec aussi peu de façon s'il
le fallait. Clément VIII étant sur le point de
condamner par un décret la doctrine de
Molina, les jésuites ne sachant plus de quel
moyen se servir pour éviter cet affront, s'a-
visèrent d'avancer publiquement dans des
thèses, « qu'il n'était pas de foi qu'un tel
» homme que l'Église regardait comme le
» souverain pontife , fût véritablement vi-
» caire de Jésus – Christ et successeur de
» saint Pierre. » L'affaire fut suspendue. Son
successeur ayant voulu la reprendre, *Aqua-
viva* lui dit qu'il ne répondait pas d'empêcher dix mille jésuites de répandre dans
leurs écrits les invectives les plus outra-
geantes contre le Saint-Siége. La condamnation fut abandonnée.

L'ordre des jésuites était façonné ainsi ;
c'est ce qui ressort de toutes parts, et c'est
ce que prouverait encore mieux , si elle était
authentique, la déclaration du père La Chaise
mourant à Louis XIV, rapportée par Duclos :
« Sire, je vous demande en grâce de choisir

» mon successeur dans notre compagnie ;
» elle est très-attachée à Votre Majesté ; mais
» elle est fort étendue, fort nombreuse, et
» composée de caractères très - différens,
» tous passionnés pour la gloire du corps.
» On n'en pourrait pas répondre dans une
» disgrâce, et un mauvais coup est bientôt
» fait. »

On a vu à la fin du dix-huitième siècle leur prétendue obéissance au pape. Lorsque Ganganelli *pressé par de puissans motifs* qu'il énonce et par d'autres encore, ajoute-t-il, *qu'il garde dans le profond secret de son cœur*, supprime leur institution ; rebelles alors à sa puissance comme à son infaillibilité, ils se réfugient en Prusse et en Russie. Bravant de là l'autorité souveraine religieuse, comme ils avaient bravé la souveraineté royale, ils méditent les moyens de se reproduire. Il semble qu'au moins la révolution française devait nous en avoir à jamais délivrés ; c'est elle, au contraire, qui, avec ses flux et reflux, nous les a rapportés.

Partout où il y a du mouvement, du trouble, un théâtre, on peut être sûr de voir paraître des jésuites. C'est leur aliment, leur élément. Dans des pays tranquilles, il n'y a rien à faire. Dans un pays comme la France, que la révolution a mis en pièces, et qui s'agite au milieu des factions, c'est là qu'on peut opérer fructueusement.

Sous Bonaparte, ce n'était encore que quelques pères de la foi bien petits, bien humbles, bien obscurs. Dès que la restauration survient, les congrégations dont on a eu soin de jeter çà et là les semences, se mettent en mouvement. Jusque-là le nom de jésuite avait été dissimulé. Il se prononce ouvertement.

En 1817, un moine de Saint-Acheul, ancien condisciple d'un ministre du roi, se présente à lui : « Tu ne me reconnais pas, lui dit-il, je suis tel. » Il déclare son nom. « Tu vas me demander d'où je viens? de Saint-Acheul; qui je suis? JÉSUITE. En cette qualité, tu peux me persécuter si tu veux. J'accepte tes persécutions; je suis sous la protection de Dieu et sous ses ordres. »

Pendant ce temps, et depuis ce temps, comme le mot était donné entre les congréganistes de ne point avouer l'existence des jésuites, une multitude de bonnes ames dans

Paris et dans les provinces, dans les journaux et dans les pamphlets, continuaient à
nier leur existence. Avec plus de bonne foi,
leur général écrit, le 27 mai 1823, au maire
de Chambéry, la lettre suivante :

« Monsieur,

» J'ai reçu la lettre que vous m'avez fait
l'honneur de m'écrire au nom de MM. les
syndics de la ville de Chambéry, et je m'empresse de vous exprimer ma reconnaissance
pour les sentimens d'estime, de bienveillance
et de confiance envers notre compagnie,
que la ville de Chambéry a bien voulu manifester par votre organe. Je me trouverais
heureux de pouvoir y répondre en satisfai-
sant sans le moindre délai au désir bien
honorable pour notre compagnie que votre
lettre exprime. Croyez que j'en ai la volonté
bien sincère, et qu'il m'en coûte beaucoup
de ne pas suivre les mouvemens de ma reconnaissance ; mais malheureusement il se
rencontre dans l'exécution des difficultés
qu'il est de mon devoir de vous faire connaître.

» En premier lieu la langue française étant celle qu'on parle dans votre ville, il vous faut des sujets qui la possèdent parfaitement.

» Mais *l'état actuel de notre compagnie en France*, ne permet pas d'en distraire un seul des individus qui y sont employés, puisqu'ils suffisent, à grand'peine, *aux établissemens que nous y avons déjà*, et beaucoup moins à ceux qu'on nous y offre de toutes parts, et que nous nous trouvons dans la dure nécessité de refuser, ou du moins de renvoyer à des temps éloignés. Or, tandis que nous sommes forcés de résister aux sollicitations les plus pressantes des évêques dont les diocèses fournissent des sujets à notre compagnie, de quel œil verrait-on des sujets français sortir du royaume pour faire ailleurs ce qu'ils refusent à leur patrie?

» *Signé* FORTIS. »

Cette lettre, dont le *Constitutionnel* a trouvé le moyen d'attraper une copie, a eu beau être rendue publique ; quelques niais n'en ont pas moins continué pendant long-

temps à nier l'existence des jésuites. En ce
moment, les individus de cet ordre parcou-
rent le royaume d'un bout à l'autre sans
aucun déguisement.

CHAPITRE III.

DE L'ULTRAMONTANISME [1].

Louis XIV fut certainement un grand roi. Il l'était par lui-même, c'est-à-dire par l'éclat dont il était l'auteur ; il le fut aussi par l'éclat dont il était contemporain. Après avoir, avec ses *grands jours*, comprimé un reste d'énergie dans l'ancienne noblesse, après avoir réprimé la puissance du parlement qui, dans son enfance, avait osé lui faire la guerre, après avoir réglé quelques

[1] Un fait récent, dont les meilleurs journaux ont parlé avec l'accent de la douleur, atteste la tyrannie croissante de l'ultramontanisme en France. Quelques membres fort instruits de l'ancien clergé, tout meurtris qu'ils étaient des coups de la révolution, et malgré leur grand âge sentant revivre en eux la vigueur de la jeunesse à la vue des attaques portées aux antiques maximes de l'Eglise gallicane par une armée de gazettes protégées et largement soudoyées, avaient en-

parties de l'administration de l'État par des ordonnances de détail assez sages, après avoir contenu au dehors les prétentions des puissances étrangères, à Rome même, les prétentions du pape, il n'eut point à s'occuper, comme il aurait à le faire aujourd'hui, des divers pouvoirs de l'État; il était lui-même, à ce qu'il nous dit dans ses Mémoires, tout l'État; et cependant au milieu de ses faiblesses comme homme, je veux parler de ses amours et de ses colères, courbé par ses sentimens religieux devant la puissance religieuse, et voulant savoir un jour ce que

trepris, au commencement de 1825, un ouvrage périodique intitulé : *La France catholique, ou Recueil de dissertations religieuses et monarchiques selon les principes de Bossuet.* A peine leur première livraison eut-elle paru, que le signal de proscrire cet ouvrage fut donné à tous les *carbonari* de la faction ultramontaine; et, pour subjuguer plus absolument ses aveugles adeptes, elle fit répandre par le *Journal ecclésiastique de Rome* que la *France* catholique était janséniste. Comment les adeptes auraient-ils résisté à cet oracle d'un journal romain qui avait commencé par se dire investi d'une portion de l'infaillibilité que le Vatican s'attribue? Il est fort douteux que l'interrup-

c'est que cette puissance, le voilà qui se présente devant les États-Généraux de la religion : je me permets d'appeler ainsi l'assemblée du clergé de 1682. Quelle est, leur demande-t-il, cette puissance menaçante qui gronde sans cesse autour de moi, souvent au-dessus de moi? Je veux lui être soumis comme chrétien; mais comme souverain, quelle est auprès de moi son action, quelle est son étendue, quelles sont ses limites?

Le grand Bossuet qui, à raison de l'élévation de son caractère, ne devait jamais être

tion de cet ouvrage soit compensée par la publication que Mgr. d'Hermopolis vient de faire de ses *Vrais principes de l'Église gallicane*. Notre doute à cet égard serait assez bien fondé, quand il n'aurait pour motif que les éloges prodigués à cette brochure par tous nos journalistes ultramontains, pour qui la *Defensio declarationis* de Bossuet, la *Gallia orthodoxa* et l'ouvrage de M. le Cardinal de la Luzerne sur le même sujet sont des objets d'anathême, et qui ne puisent leurs raisonnemens que dans les écrits des Bellarmin, des Sfondrate, des Roccaberti, des Orsi, des Dubois, des Duval, si victorieusement réfutés par ces deux illustres prélats de l'Église gallicane.

ni cardinal, ni archevêque de Paris, mais qui, relégué dans son petit évêché de Meaux, ne laissait pas d'avoir par le talent la supériorité qu'on l'empêchait d'avoir par les places, fut chargé d'agiter avec toute la sagesse dont il était capable cette *difficile* et *redoutable* question.

Je suis tout étonné d'avoir à la qualifier ainsi. Dans aucun temps, elle n'avait laissé de doute en France; s'il ne fallait donner à une décision à cet égard qu'une grande autorité, vingt ans auparavant la Sorbonne l'avait décidée dans les termes les plus précis. Le 8 mai 1663, elle fit au roi la déclaration suivante :

1°. Que ce n'est point la doctrine de la faculté, que le pape ait aucune autorité sur le temporel du roi; qu'au contraire, elle a toujours résisté, même à ceux qui se sont restreints à ne lui attribuer qu'une puissance indirecte;

2°. Que c'est la doctrine de la faculté, que le roi ne reconnaît et n'a d'autre supérieur au temporel que Dieu seul; que c'est une ancienne doctrine, de laquelle elle ne se départira jamais;

3°. Que c'est la doctrine de la faculté, que les sujets du roi lui doivent tellement fidélité et obéissance, qu'ils n'en peuvent être dispensés sous quelque prétexte que ce soit ;

4°. Que la faculté n'approuve point, et qu'elle n'a jamais approuvé aucune proposition contraire à l'autorité du roi, ou aux véritables libertés de l'Église gallicane, et aux canons reçus dans le royaume ; par exemple, que le pape puisse déposer les évêques contre les dispositions des mêmes canons ;

5°. Que ce n'est pas la doctrine de la faculté que le pape soit au-dessus du concile œcuménique ;

6°. Que ce n'est point la doctrine ou le dogme de la faculté, que le pape soit infaillible, lorsqu'il n'intervient aucun consentement de l'Église.

Le discours de l'avocat-général Talon nous apprend ce qui avait déterminé cette déclaration.

« Personne n'ignore, dit-il, les efforts et
» les artifices pratiqués par les partisans de
» la cour de Rome depuis trente ans, pour

» élever la puissance du pape par de faus-
» ses prérogatives, et pour introduire les
» opinions nouvelles des ultramontains.
» Enfin, les choses ont passé jusqu'à un tel
» excès, qu'après avoir insinué en secret
» ces propositions fausses et dangereuses
» dans les écrits, ils ont eu la hardiesse de
» les publier et de les mettre dans des thèses,
» pour être publiquement disputées. Cette
» témérité n'est pas demeurée impunie;
» car cette auguste compagnie, également
» jalouse de maintenir l'autorité royale,
» les droits de la couronne, les libertés de
» l'Église gallicane et l'ancienne doctrine,
» auxquels ces opinions de l'infaillibilité et
» de la supériorité du pape au concile sont
» directement opposées, n'a pas manqué
» de réprimer ces entreprises par la sévérité
» de ses arrêts, et même d'en punir les
» auteurs, de sorte qu'on peut dire que ces
» monstres ont été étouffés dans leur nais-
» sance, et que ces tentatives, bien loin
» d'avoir eu aucun succès, n'ont servi qu'à
» confirmer plus puissamment la vérité et à
» couvrir de honte et de confusion les
» émissaires de la cour de Rome. Cependant,

» la faculté de théologie, occupée par une
» *cabale puissante de moines et de quelques*
» *séculiers, liés avec eux*[1] par intérêt et
» par faction, a eu de la peine à se dé-
» mêler de ces liens injustes, et à suivre les
» traces des Gerson et de ces autres person-
» nages illustres qui ont été dans tous les
» siècles les principaux défenseurs de la
» vérité. Mais enfin..... »

Le 4 août suivant, une déclaration du roi ordonne l'enregistrement, dans toutes les cours du royaume, des six articles de la Sorbonne.

Je suis obligé d'entrer dans tous ces détails, afin que le public et MM. les jurisconsultes voient comment, malgré toutes les décisions, toutes les précautions, la cour de Rome, et spécialement les jésuites, poursuivent sans cesse le système séditieux de la dépendance des rois et de la suprématie des papes. En 1682, malgré la possession des siècles, malgré de nombreuses lettres, et quelquefois assez dures, adressées au pape par les évêques de

---

[1] Les jésuites et les congrégations.

France, malgré enfin la décision récente de la Sorbonne, rien ne semblait encore résolu. Il faut que Louis XIV invoque de nouveau l'autorité des évêques de France.

Ils n'étaient pas tous bien disposés. Après des détours, en biaisant et en tergiversant de toutes manières, surtout en promettant aux évêques, de la part du roi, comme je le montrerai bientôt, la domination du corps social, Bossuet parvient à obtenir de l'assemblée du clergé les quatre articles devenus aujourd'hui si fameux, et dont le premier porte :

« Que saint Pierre et ses successeurs, vicaires de Jésus-Christ, et que toute l'Église même n'ont reçu de puissance de Dieu sur les choses temporelles et civiles : Jésus-Christ nous apprenant lui-même que son royaume n'est pas de ce monde; et en un autre endroit, qu'il faut rendre à César ce qui appartient à César, et à Dieu ce qui appartient à Dieu; et qu'ainsi ce précepte de l'apôtre ne peut, en aucune manière, être altéré ou ébranlé ; *que toute* personne soit soumise aux puissances supérieures; car il n'y a point de puissance qui ne vienne de Dieu;

et c'est lui qui ordonne celles qui sont sur la terre : celui donc qui s'oppose aux puissances résiste à l'ordre de Dieu. Nous déclarons, en conséquence, que les rois et les souverains ne sont soumis à aucune puissance ecclésiastique par l'ordre de Dieu dans les choses temporelles, qu'ils ne peuvent être déposés directement, ni indirectement, par l'autorité des chefs de l'Église ; que leurs sujets ne peuvent être dispensés de la soumission et de l'obéissance qu'ils leur doivent, ou absous du serment de fidélité ; et que cette doctrine, *nécessaire pour la tranquillité publique*, et non moins avantageuse à l'Eglise qu'à l'Etat, doit être inviolablement suivie, comme conforme à la parole de Dieu, à la tradition des saints Pères, et aux exemples des saints. »

A l'apparition de cette déclaration, que le clergé de France croyait devoir publier comme *nécessaire à la tranquillité publique*, les parlemens et la magistrature s'en emparent ; la Sorbonne et les universités la proclament ; tout l'enseignement la consacre. Elle est regardée, dans les rapports du roi au clergé et au pape, comme une espèce de grand'chartre. Elle devient partie de nos lois fondamentales.

Mais si cette déclaration plaît à toute la France, il n'en est pas de même à Rome. Le Saint-Siége a pu regarder avec une sorte d'indifférence la décision émanée de la Sorbonne; ce n'est là qu'un corps particulier. Mais la décision de tous les évêques de France a un autre caractère. A l'annonce de cette déclaration le saint Père et tout son conseil s'émeuvent. « Quelle est cette Eglise » gallicane qui, se séparant par sa dénomi- » nation des autres Églises, semble vouloir » encore s'en séparer par la doctrine; pré- » tend à elle seule établir des articles de foi; » fixer sans l'intervention des souverains » pontifes, sans même les appeler, les pré- » rogatives et l'étendue de leur autorité. »

Pendant tout le règne du pape les plaintes ne cessent. Sous son successeur elles se renouvellent. Cependant Louis XIV vieillissait. L'inquiétude entre avec la faiblesse dans cette grande ame. Le vainqueur de l'Europe, vaincu par son confesseur et par une femme, ne peut tenir au déplaisir qu'il a causé, lui fidèle, au père commun des fidèles. Il écrit secrètement une lettre, dans laquelle il promet de ne donner aucune suite, non pas, comme on l'a dit, à la déclaration, mais seulement à l'édit qui en ordonne l'enseignement. Les prélats de leur côté écrivent une lettre respectueuse, qu'on appelle aujourd'hui une lettre d'excuse.

Après cette démarche, qui ne dérange rien à l'état des choses, et dont le monarque a soin, pour son compte, d'expliquer le véritable sens dans une lettre au cardinal de La Trémoille, il meurt laissant Rome interpréter à sa manière une conduite de respect et de courtoisie, qu'on ne manquera pas de regarder comme une rétractation. Et en effet, dès le premier moment, Rome s'empresse de recueillir ces actes, qui sont gardés soigneusement aux archives du Vatican, et qu'elle se réserve de reproduire dans de meilleurs temps.

Des deux côtés, les prétentions s'étant conservées, elles donnent lieu sous Louis XV à de nouveaux débats. Ce fut à l'occasion d'un mandement de M. l'évêque de Soissons. Ce mandement faisant allusion aux doctrines de 1682, le pape avait cru pouvoir purement et simplement le faire condamner par son Saint-Office. Louis XV crut devoir intervenir.

Dans une première lettre au pape : « Je ne cacherai pas, lui dit-il, que mon étonnement et mes alarmes se sont accrus, lorsque j'ai vu que les motifs de cette condamnation inattendue (de l'ordonnance et instruction pastorale de l'évêque de Soissons par le Saint-Office) étaient relatifs à des maximes qui annoncent l'indépendance de la couronne, qui sont tenues par tout le clergé de France, et, qu'à l'exemple de mes prédécesseurs, je me ferai toujours un devoir de protéger et de maintenir. Si Votre Sainteté avait bien voulu se représenter toute la délicatesse et l'importance de la matière, elle y aurait trouvé une raison nouvelle et bien décisive, d'éviter un éclat dont elle ne peut jamais empêcher toutes les suites, et qui a toujours le double inconvénient de ne pas annoncer suffisamment la bonne intelligence, et de ne pas assez soigner le respect dû à l'autorité. »

Dans une seconde lettre, en date du 25

juillet 1765, Louis XV insiste plus fortement
encore.

« Très-Saint Père,

» J'ai fait examiner, par plusieurs évêques
» de mon royaume, en qui j'ai confiance,
» le mandement de l'évêque de Soissons,
» ainsi que je l'ai annoncé à Votre Sainteté
» par une lettre du 6 juin dernier. Je me
» ferai toujours gloire, à l'exemple des rois
» mes prédécesseurs, de donner à Votre
» Sainteté les témoignages les plus sincères
» de ma vénération et de mon attachement
» filial ; mais je mettrai, ainsi qu'eux, au
» rang de mes devoirs les plus étroits, de
» maintenir, dans toute son intégrité, la
» doctrine tenue et enseignée de TOUT TEMPS
» par les évêques et les écoles de mon
» royaume. Les maximes, qui résultent de
» cette doctrine et qui n'en sont que le
» précis, réunissent le double caractère des
» lois civiles et religieuses de mon État ; et
» je ne dois pas laisser ignorer à Votre Sain-
» teté que j'ai si fort à cœur de les faire ob-
» server, *que je regarderai comme infidèle à*
» *son roi et à la patrie quiconque en France*

» *osera y donner la moindre atteinte......* »

Je prie qu'on fasse attention à ces dernières expressions, parce que je serai peut-
être dans le cas de les rappeler, en examinant bientôt, sous ce rapport, la conduite
actuelle des ministres du roi, ainsi que de
plusieurs prélats.

J'ai dit, de la lettre de Louis XIV et de
celle des évêques, qu'elles furent gardées au
Vatican pour être publiées dans l'occasion;
cette occasion ne tarda pas à se présenter.
Après les malheurs que la révolution de
1789 avait causés à la religion, ce fut comme
une fortune pour le Saint-Siége que l'avénement d'un usurpateur venant implorer
son assistance et sa puissance. Le concordat
de 1801, dont le premier effet était de renverser la déclaration de 1682 et de favoriser
sur tous les points le système de la cour de
Rome, peut être regardé comme la première atteinte portée à nos doctrines. Par
l'article VI de cette transaction, le pape délie
les évêques du serment de fidélité. Par l'article VII il en délie pareillement les ecclésiastiques du second ordre : par l'article VIII
il en affranchit tous les Français, puisqu'il

ordonne au peuple de chanter, au lieu de DOMINE SALVUM FAC REGEM, *domine salvos fac consules.*

Dans peu ces infractions papales vont prendre un plus grand caractère. Voilà le pape appelé au couronnement de Bonaparte. Nouvel Étienne, il vient sacrer le nouveau Pepin. Il l'investit ainsi, aux yeux du peuple et de tous les rois de l'Europe, de la sanction de la religion. Bonaparte est présenté à ses nouveaux sujets avec une couronne toute reluisante de cette espèce de légitimité, qui est regardée par les peuples comme émanant de l'autorité de Dieu.

En vertu de la suprématie du Saint-Siége, puisque le pape consentait à donner une couronne, ou, ce qui est la même chose, à consacrer, comme légitime, une royauté qui ne l'était pas, c'était bien peu que de demander au nouveau souverain, en retour d'un tel bienfait, la confirmation de la lettre de Louis XIV. On promettait de laisser la confirmation dans le même secret que la lettre. Ce pouvait être de la part de l'usurpation une espèce de contre-sens, de contester quelque chose au pape. Je ne parle pas de reconnaissance , la politique n'en est pas là ; mais, puisqu'on disposait ainsi de la puissance du Saint-Siége, on pouvait trouver de l'avantage à l'étendre et à lui donner du poids. Il en arriva tout autrement. Aucune lettre ne fut donnée au pape. La déclaration de 1682, qui déjà avait été proclamée à la suite du concordat, fut plus que jamais remise en vigueur.

Cette ingratitude de l'usurpation est plus facile à comprendre que la conduite, à cet égard , de la légitimité. Bonaparte une fois tombé , si la maison régnante avait montré envers le Saint-Siége quelque rancune ; si envers une puissance aussi facile à disposer des couronnes, on lui avait vu prendre quelque précaution, tant pour le présent qne pour l'avenir, personne en Europe n'eût blâmé cette prudence.

Dès le premier moment, et pendant quelque temps, les ministères de la maison de Bourbon ont paru compter pour quelque chose les ordonnances de Louis XIV et la doctrine de 1682. Ils ont trouvé l'obéissance affaiblie. Sous le ministère de M. Laisné, si je suis bien informé, les prêtres de Bretagne, à

qui le ministère alléguait l'autorité de Bossuet, lui écrivent que la déclaration de 1682
est dans la vie de Bossuet une tache, et non
pas une gloire. Les prêtres du diocèse de
Lyon présentent la même opposition. « Cette
» déclaration, dit le supérieur d'un sémi-
» naire, est fausse, forcée, contraire à la doc-
» trine de l'Eglise, rejetée du clergé de
» France, favorable à toutes les sectes, con-
» damnée par l'autorité spirituelle, par la
» puissance temporelle. Il est temps de ne
» plus s'endormir sur ces principes gallicans
» qui préludaient à la ruine prochaine de
» la religion depuis 130 ans, et qui n'ont
» cessé d'enfanter sous nos yeux des mons-
» tres d'erreur, d'abus et de scandale. »

Un membre du présent ministère ayant
voulu conserver la voie de ses prédécesseurs,
personne n'ignore le sort qu'a éprouvé sa
démarche. Cette fois ce ne sont plus de simples prêtres qui sont en scène; c'est un prince
de l'Église. Non-seulement le prélat repousse
les ordres du ministère du Roi, il prétend
ne devoir pas même lui faire réponse. La
lettre suivante est rendue publique.

« Monseigneur,

» Vous me faites l'honneur de me demander si j'ai reçu une lettre de Son Excellence le ministre de l'intérieur, qui demande aux professeurs de mes séminaires leur adhésion à la déclaration du clergé de France de 1682, et vous désirez savoir si j'ai répondu à cette lettre, et ce que j'ai répondu. Oui, Monseigneur, j'ai reçu comme vous cette missive extraordinaire. Je l'ai reçue même deux fois, et je n'y ai point fait de réponse.

» J'ai eu l'honneur d'écrire la même chose à plusieurs de mes collègues qui m'avaient donné la même confiance que vous, en me faisant la même demande. Je les ai priés d'observer :

» 1°. Qu'autrefois il n'y avait que MM. les professeurs d'Université qui fussent astreints à cette formalité.

» 2°. Que l'autorité civile n'avait pas le droit de fixer aux évêques ce qu'ils avaient à prescrire, pour l'enseignement, dans leurs séminaires.

» 3°. Que la formule d'adhésion, telle qu'elle était envoyée, semblait présenter les

quatre articles comme une décision de foi;
ce qui n'est pas, et ce qui nous exposerait à
la censure du Saint-Siége.

» 4°. Que cette mesure inutile était incon-
venante et inadmissible, en ce qu'elle contenait l'engagement de professer la doctrine
des quatre articles, *profiteri doctrinam*. Elle
est de plus ridicule, en ce qu'elle exige que
l'on professe, et que l'on veuille enseigner,
profiteri et docere velle.

» 5°. Que cette mesure inutile, qui était
un nouvel attentat au droit des évêques, dé-
plairait à la cour de Rome, et était aussi im-
politique que déplacée dans un temps où un
parfait accord règne entre Rome et la France.

» 6°. Que sachant avec quelle sagesse le
gouvernement évitait tout ce qui pouvait
rappeler les discussions théologiques, toujours dangereuses, je présumais que quelque employé subalterne du bureau du ministère, provoqué peut-être par quelque savant du conseil d'Etat, avait présenté cette
circulaire à la signature du ministre qui sûrement n'y aura pas fait attention.

» 7°. Que ce ne pouvait être que l'œuvre
d'un esprit brouillon, et que ce qu'il y avait

de mieux à faire, était de la regarder comme non avenue. »

Il n'est pas nécessaire, pour le moment, de faire des observations sur cette lettre. La demande du ministre de l'intérieur, qui en a été l'occasion, a été convenablement justifiée par le vertueux magistrat qui remplit les fonctions de procureur du roi à Paris. La lettre du prélat et sa publication ont reçu une condamnation solennelle. Cependant, puisqu'on met tant d'obstination à la défense des principes ultramontains, il n'est pas sans intérêt de s'en faire une idée précise.

A commencer par le cardinal Bellarmin dans son livre *de Romano Pontifice*, le pape, selon ce prélat, est le maître absolu de toute la terre; il a directement la puissance temporelle en même temps que la puissance spirituelle. Les souverains ne règnent que par une concession sans cesse révocable de sa part. Je dois faire observer que Bellarmin est un des ultramontains modérés. Par exemple, « il
» n'appartient pas, suivant lui, aux reli-
» gieux et aux autres ecclésiastiques de tuer
» les rois par des embuches; et les souve-
» rains pontifes n'ont point coutume de ré-

» primer les princes par cette voie. Seulé-
» ment, après les avoir repris d'abord pa-
» ternellement, ils en viennent à les retran-
» cher par des censures de la communion
» aux sacremens; ensuite, s'il est nécessaire,
» ils délient leurs sujets du serment de fidé-
» lité; après quoi c'est à d'autres qu'à des
» ecclésiastiques qu'il appartient d'en venir
» à l'exécution. *Executio ad alios perti-*
» *neat.* »

Molina s'énonce de la même manière. Il dit que tous les rois de la terre sont sujets du pape.

Suarès énonce, comme article de foi, que le pape a le droit de déposer les rois héréti-ques et rebelles. Il ajoute qu'un roi déposé ainsi, et qui s'obstine à conserver la cou-ronne, devient tyran et usurpateur, et qu'a-lors il peut être traité en ennemi public, et tué par le premier venu.

Je ne finirais pas si je voulais nommer tous les docteurs ultramontains; ils sont au nombre de plus de cent, presque tous jésui-tes. On comprend d'après cela d'un côté les fureurs de la Ligue et les attentats horri-bles qu'elle a fait commettre; d'un autre côté, les justes craintes de Louis XIV et de Louis XV, et les précautions qu'ont pu prendre, à cet égard, nos magistrats et nos lois.

Au temps présent, peut-on dire absolument que ces craintes soient des chimères? Oui, sans doute, et je l'espère quant à l'exécution; mais ne suffit-il pas de telles doctrines embellies, comme nous l'avons vu dans ce temps-ci, d'une verve d'éloquence, pour ébranler la fidélité, et ménager, dans des temps plus ou moins prochains, des commotions violentes.

Grâce à un écrivain célèbre, rien ne nous manque en ce genre, nous avons de lui des formules toutes prêtes. Après un chapitre intitulé *Exercice de la suprématie pontificale sur les souverains temporels*, et dans lequel il établit cette suprématie, M. le comte de Maistre se donne, pour notre plus grande commodité, la peine de libeller lui-même les termes dont nous devons nous servir pour un acte de déposition. Dans un chapitre intitulé *Application hypothétique des principes précédens*, se trouvent *les très-humbles et très-respectueuses remontrances des états-généraux du royaume de..... assemblés à......*

à notre Saint-Père le pape Pie VII, à l'effet
de déposer leur souverain. Ces remontrances
se terminent ainsi :

« C'est à vous, Très-Saint Père, comme re-
» présentant de Dieu sur la terre, que nous
» adressons nos supplications, pour que
» vous daigniez nous délier du serment de
» fidélité qui nous attachait à cette famille
» royale qui nous gouverne, et transférer à
» une autre famille des droits dont le pos-
» sesseur actuel ne saurait plus jouir que
» pour son malheur et le nôtre. » (*Du Pape*,
p. 346.)

CHAPITRE IV.

DE L'ESPRIT D'ENVAHISSEMENT CHEZ LES PRÊTRES.

Après avoir parlé précédemment des jésuites et de l'esprit ultramontain, il ne faut pas s'étonner que je mette en quelque sorte à part l'esprit des prêtres. Je dois prévenir que, quoique dans certaines circonstances ces trois choses soient susceptibles de se confondre, ce sont en général des principes d'une autre nature ainsi que d'une autre source. Il y a certainement des ultramontains qui ne sont pas jésuites ; il se trouve aussi des jésuites qui ne sont pas ultramontains. D'un autre côté, un grand nombre de prêtres ne sont ni ultramontains, ni jésuites. Cela ne les empêchera pas, si on les laisse faire, de s'emparer de la société. D'abord c'est que si le pape, comme successeur de saint Pierre, possède une première et principale puissance (ce qu'on appelle l'autorité des clefs), les évêques qui ne sont pas, il est vrai, successeurs de saint Pierre, mais qui peuvent diversement se dire successeurs de saint Paul, de saint Jean, de saint Barthélemy et des autres apôtres, ont droit à une grande autorité. Les simples prêtres, avec leur droit divin de lier et de délier, peuvent se saisir aussi de quelque chose de cette filiation et prétendre à une grande importance.

Si ces trois ordres de puissance ont quelques points de division, ce qui les affaiblit, ils ont aussi un centre commun de doctrine par lequel ils deviennent très-forts. Il consiste à établir comme axiome : « 1° que la morale est nécessaire à la société ; 2° que la religion est nécessaire à la morale : et comme le prêtre est nécessaire à la religion et à la morale, celui-ci doit avoir dans la société l'importance qui appartient à l'une et à l'autre. »

Nous allons voir comment de conséquence en conséquence tirées de ce principe et habilement filées, on arrive à produire l'asservissement social. Je ne me permettrai

point à cet égard d'allégation gratuite. Je
me placerai au milieu des documens d'État.

Dans un de ses discours à la Chambre des
députés, M. de Frayssinous commence à
établir « que toujours et partout une reli-
» gion quelconque a présidé à la formation
» des sociétés. Jamais peuple civilisé n'a
» pu sans la religion se conserver, se per-
» pétuer, prospérer sur la terre. Elle seule
» peut donner la vie sociale au peuple bar-
» bare qui la cherche, et la redonner au
» peuple qui l'aurait perdue. »

Qui voudrait contester une maxime qui
renferme beaucoup de vérités ! Poursui-
vons.

Dans un discours que M. de Boulogne
prononce à la Chambre des pairs, il ne veut
sans doute aussi que parler des bienfaits de
la religion ; malheureusement il s'aventure
à dire que ce n'est pas l'État en France qui
a fondé l'Église, mais l'Église qui a fondé
l'État. Ces paroles articulées avec trop peu
de ménagement et dont il s'empresse de tirer
des conséquences singulières, déplaisent à la
Chambre des pairs qui y voit une invasion
de la suprématie politique.

Malgré la défaveur qu'éprouve le discours de M. de Boulogne, la principale pensée de ce discours se trouve tellement établie dans les esprits, que même à l'Académie française elle se reproduit dans un discours de réception. Dans ce discours que le président de cette compagnie prononce en réponse à M. l'archevêque de Paris : « La religion, dit » l'orateur, précéda l'établissement de tous » les royaumes chrétiens et FONDA leur civi- » lisation. »

Si on demandait à l'orateur s'il est bien sûr du fait, et ensuite de rendre compte de l'espèce de civilisation qui succéda en France à l'établissement du christianisme, il serait sûrement embarrassé. Toutefois la même doctrine est encore énoncée à la Chambre des députés. « N'oublions jamais, » nous dit M. de Frénilly, que toute la so— » ciété, son ordre, sa civilisation, sa sta— » bilité, la vraie monarchie enfin, sont sor— » tis du mot *chrétien* et dureront ou péri— » ront avec lui. » (*Moniteur.*)

Ces idées peuvent paraître exagérées à quelques personnes ; elles le seraient en- core plus, que dans tout autre temps il ne viendrait à la pensée de qui que ce soit de les contester. Les Français et les Anglais ont un grand bonheur à prononcer que le roi ne peut faire du mal. Cette maxime dont on pourrait tirer d'assez fausses conséquences, si elle était prise à la rigueur, est néanmoins consacrée par tous les respects. Il en est de même de tout ce qu'on peut dire en l'honneur de la religion ; sans l'intention dans laquelle les paroles sont prononcées et les conséquences qu'on entrevoit, on ne se croirait pas permis de les contredire. Ce n'est que quand on voit le plan général attaché à ces professions de respect, qu'on commence à y apporter de l'examen.

On a vu les principes ; on va voir actuellement les conséquences.

« Si la religion, nous dit M. Frayssinous,
» est le premier besoin des peuples, le pre-
» mier devoir de ceux qui gouvernent est
» de la mettre avant tout dans leur pensée,
» de lui rendre l'honneur et le respect qui
» lui sont dus. » C'est bien. Actuellement des honneurs dus à la religion, il va passer aux honneurs dus au sacerdoce.

« Que ceux, nous dit-il, qui seraient

» tentés de désirer la ruine du sacerdoce,
» ou bien son avilissement et sa nullité, ce
» qui est la même chose, tremblent de voir
» leurs vœux exaucés. Toutes les théories
» politiques n'empêcheraient pas que la
» religion ne pérît avec le sacerdoce, et
» que la société ne pérît avec la reli-
» gion. »

On pourrait trouver quelque exagération dans ces maximes. La religion n'est pas tout-à-fait la même chose que le sacerdoce. La France a été bien long-temps veuve de ses prêtres, et la religion n'a pas péri. N'importe, voyons ce qu'il faut faire pour prévenir l'avilissement du sacerdoce.

« Il s'agit, dit M. Frayssinous, de donner
» à notre Église cette *consistance*, cette *di-*
» *gnité* sans laquelle ses travaux seraient en
» grande partie frappés de stérilité. »

Il y aurait encore ici, si on voulait, un objet de contestation. On pourrait demander si les apôtres d'autrefois ont prétendu à l'espèce de consistance et de dignité que réclament les apôtres d'aujourd'hui.

On serait surtout curieux de savoir ce qu'on entend par *consistance* et *dignité*.

Le *grand-prêtre* ne s'énonce à cet égard que d'une manière vague; les lévites vont le faire d'une manière précise.

« Puissions-nous arriver bientôt, nous dit » M. de Frénilly, à convertir un salaire de- » venu insuffisant en une dotation qui élève » l'Église du rang de soudoyée à celui de » propriétaire ! Puisse le temps, la religion » des peuples et la sollicitude des rois chan- » ger par degré une fortune instable en une » fortune foncière que les siècles affermis- » sent ! » (*Moniteur.*)

M. de Lézardière, dans un discours pro- noncé à la même séance, exprime les mêmes vœux. M. l'archevêque de Besançon, à la Chambre des pairs, les énonce avec encore plus de force, et M. le comte de Marcellus *déclare que comme chrétien et comme Fran- çais, il adhère à cette opinion.* (*Moniteur.*)

On comprend à présent ce que c'est que la consistance et la dignité réclamée par M. Frayssinous en faveur du clergé. En pre- mier lieu, comme la puissance royale à la- quelle il faut aussi sans doute de la *consis- tance* et de la *dignité*, est en ce point sur le même pied que le clergé, il s'ensuit que celui-ci se croit et se place au-dessus du roi et de la puissance royale. En second lieu, comme la religion est ordonnatrice de tout, et que le clergé est ordonnateur de la religion, on ne peut s'étonner qu'il se place au niveau de la religion même.

On va trouver sur ce point M. Frayssinous très-modéré. Il consent, à cet égard, à faire un partage égal entre le roi et le clergé. « De tout temps, dit-il, on a parlé des deux puissances, du sacerdoce et de l'empire, du pontife et du magistrat, de l'État et de l'Église, du pouvoir spirituel et du pouvoir temporel, pour désigner ceux qui exercent l'autorité suprême dans l'ordre religieux et politique. »

Dans un discours au sujet des communautés religieuses, il avait dit : « C'est ici une des matières mixtes des deux autorités spirituelles et temporelles de l'Église et de l'État. (*Moniteur.*)

Cependant, après avoir établi sur deux lignes parallèles la coexistence de ces deux grands pouvoirs, l'Église et l'État, comment les accordera M. Frayssinous ! Les journaux royalistes n'y voient aucune difficulté. « Ce

» sont, disent-ils, deux gouvernemens qui
» agissent par des voies séparées , mais pa-
» rallèles. L'un régit les hommes par les
» peines et les récompenses temporelles ;
» l'autre par les peines et les récompenses
» spirituelles. » (*Drapeau Blanc.*)

Nous examinerons dans une autre partie
si des peuples, régis de cette manière, seraient bien régis. M. de Frayssinous, plus
avisé, y voit de l'embarras. Il nous exhorte
même d'avance à la résignation.

« Que ces pouvoirs, dit-il, se heurtent,
» qu'ils se contestent, qu'ils luttent l'un con-
» tre l'autre, ce ne doit pas être un sujet
» d'étonnement. C'est le sort de toutes les
» puissances humaines. Il y aura des abus
» tant qu'il y aura des hommes. » Pour ré-
soudre cette grande difficulté, il pense « que
» le législateur doit planer sur tous ces dé-
» mêlés, les considérer avec calme, dissi-
» muler, reprendre , corriger , réprimer
» suivant les circonstances. » (*Ibid.*)

C'est très-bien. Cependant je voudrais demander à M. Frayssinous de quel législateur
il veut parler. Dans la direction de ses idées,
comme il y a deux puissances agissant pa-

rallèlement sur la société, il doit y avoir aussi deux législateurs, et alors sa solution n'en est pas une.

A cet égard, si M. Frayssinous demeure enveloppé, il n'en est pas de même des journaux qui écrivent dans son sens. « Plus » l'Eglise aura d'indépendance, nous dit » l'un d'entre eux, et plus il sera facile de » se défendre de ses empiètemens. (Plus il » sera facile !) Si le clergé dépend du gou- » vernement, s'il fait partie de la police po- » litique, s'il n'est pas lui-même, comment » veut-on qu'il ait de la force et de la dignité, » et qu'il imprime la vénération pour son » caractère ! »

Ce n'est pas assez ; les mêmes écrivains repoussent dans les mariages et les baptêmes toute espèce d'intervention de la puissance civile. « La police de l'État, disent-ils, ne » saurait commander à l'Église.... Ainsi par » exemple, les lois actuelles portent des » peines contre les négligences et les omis- » sions commises par les officiers de l'état » civil. Or, nous le demandons, est-il dans » l'esprit de l'Eglise et du sacerdoce, est-il » dans la nature de leur institution d'avoir

» de tels rapports avec l'autorité temporelle,
» d'être soumis au joug d'une discipline
» toute administrative, et à des obligations
» multipliées, aussi contraires à leur génie
» et à leurs caractères ! Comment s'y pren-
» dront un préfet et un tribunal, en cas de
» forfaiture, d'abus, de désobéissance, et
» même de simple contravention ? Ce serait
» mettre aux prises les deux pouvoirs, ce
» serait les armer l'un contre l'autre, et
» dans cette lutte, la victoire devrait néces-
» sairement rester à celui qui est retranché
» dans des lignes formidables, et qui, dans
» la sphère de ses attributions et de ses
» fonctions, ne reconnaît et ne doit recon-
» naître d'autre juridiction que la sienne
» propre. » (*Drapeau Blanc*, article qu'on
croit de M. de Lamennais.)

Ce droit de législation réclamé par le clergé n'est pas une prétention que je lui attribue, ou que quelques écrivains lui attribuent ; c'est bien positivement une prérogative qu'il croit avoir et qu'il veut exercer. Toute la France a été instruite d'une démarche de M. l'archevêque de Rouen qui, un jour, dans un certain mandement, jugea à

propos de soumettre son diocèse à une multitude de réglemens monastiques : mandement si singulier, que ce prélat lui-même,
effrayé de l'impression qu'il causa, crut
devoir l'interpréter, et par-là même le mi-
tiger. Dans une semblable occurrence, on
croit peut-être que M. Frayssinous, en sa
qualité de ministre du roi, montrera quelque mécontentement, tout au moins qu'il
gardera le silence : point du tout, c'est dans
ce moment même, au milieu de ce vacarme,
qu'il monte à la tribune de la Chambre des
députés, pour faire parade du droit des
évêques, et spécialement de celui de faire
des lois et des réglemens de discipline. Après
nous avoir dit que ce n'est pas de la sanction
des rois que les décrets de l'Eglise tirent
leur existence ou leur autorité, il nous parle
de ces temps heureux « où l'Eglise pronon-
» çait avec une autorité souveraine, non-
» seulement sur les matières de foi, mais
» encore sur les règles et sur les mœurs, où
» elle faisait des lois de discipline, en dis-
» pensait ou les abrogeait ; établissait des
» pasteurs et des ministres dans les divers
» rangs de la hiérarchie, et les destituait ;

» corrigeait les fidèles, et retranchait de
» son sein les membres corrompus. » Maintenant il en est de même. Suivant lui, « il
» serait facile de prouver par l'autorité de
» ce que la France a eu de plus graves ma-
» gistrats et de pontifes plus illustres, qu'à
» l'Église appartient le droit de statuer,
» non-seulement sur la foi, les mœurs et
» les sacremens, mais encore sur la disci-
» pline, ainsi que de faire des lois et des
» réglemens, droit essentiel à toute société. »
(*Moniteur.*)

Un droit de législation ainsi établi, on
va croire que le clergé, législateur spirituel, se contentera (au moyen des peines
et des récompenses d'une autre vie) d'un
pouvoir exécutif spirituel. Pas du tout :
Pie VII, dans un bref contre Bonaparte,
et plusieurs papes qui l'ont précédé, ayant
établi en principe que la puissance temporelle est au-dessous de la puissance spirituelle, le clergé en fait, à son droit de législation sur la société, l'application la plus
stricte. Le roi n'est regardé par lui en ce
point que comme un premier serviteur exé-
cuteur de ses volontés : c'est ce qu'avec toutes

les formes du respect on fait dériver, d'un côté, de sa qualité de roi très-chrétien, d'un autre côté, de sa qualité d'*évêque au-dehors*, qui, depuis des siècles, lui a été conférée.

De conséquence en conséquence, on voit comment le clergé devient législateur suprême. Au moment présent, que ces conséquences ne soient pas poursuivies rigoureusement, cela tient à nos circonstances. A cet égard, je dois remarquer la dissidence qui s'est élevée entre deux grands contendans. M. d'Hermopolis un jour parle de *prudence*, du *danger de se précipiter dans le bien*, de la nécessité de *prendre conseil des circonstances*, *d'éprouver pour mieux connaître*, et de *laisser faire quelque chose au temps*. Cette doctrine ne convient point à M. de Lamennais; il répond ironiquement à M. d'Hermopolis : « Que ce n'est pas une médiocre » consolation pour un évêque de pouvoir » à cette époque de la société se dire à soi- » même ce qu'il ne fut pas certes donné » aux apôtres de pouvoir se dire. Mais aussi, » ajoute-t-il, que ne prenaient-ils conseil » des circonstances, que n'observaient-ils » l'esprit de leur siècle? »

Encore et encore, les circonstances de la France s'opposent à une situation particulière, que tous regardent comme le *bien*, mais vers laquelle une partie du clergé voudrait se *précipiter*, tandis qu'une autre partie ne veut y aller qu'à pas mesuré. Celles des nations nos voisines qui ne se trouvent pas embarrassées comme la France d'une malheureuse Charte qui met obstacle à beaucoup de choses, nous présentent en ce genre des modèles admirables.

On peut se souvenir d'un certain mandement de M. l'archevêque de Munich, qui révolta la Bavière, et que l'autorité royale, quoiqu'avec un peu de faiblesse, s'empressa de repousser. Qu'on veuille faire attention à l'ordonnance suivante du roi de Sardaigne.

Après avoir prescrit aux étudians, 1° d'être rendus chez eux avant la nuit ; 2° de ne fréquenter aucun café, billard, spectacles, bals ou lieu de réjouissance publique, « ils
» rempliront, dit le souverain, avec exacti-
» tude leurs devoirs religieux ; ils assisteront
» au service divin de la paroisse, et appro-
» cheront du tribunal de la pénitence, au

» moins une fois par mois; ils feront exacte-
» ment leurs pâques, et se livreront, avant
» et après Pâque, aux exercices spirituels
» qui seront établis pour eux. » (*Moniteur.*)
Certainement, on ne peut pas être mieux
évêque du dehors.

Le roi de Naples suit les mêmes erremens.
Par une ordonnance en date du 15 mars 1822,
« les maîtres publics ou particuliers devront
» seconder les soins des évêques, pour ce
» qui concerne la fréquentation des con-
» grégations *de Spirito*. En conséquence,
» les maîtres publics devront chaque se-
» mestre produire une attestation avec le
» vu des évêques, qui prouve qu'ils ont
» veillé à ce que leurs élèves aient assisté
» auxdites congrégations. A défaut de cette
» attestation, ils ne recevront point leurs
» traitemens. Quant aux maîtres particu-
» liers, fussent-ils munis d'une permission
» spéciale, les évêques pourront fermer
» leurs écoles; toutes les fois qu'ils se trou-
» veront négligens dans l'accomplissement
» de leur devoir. » Suivent d'autres articles
dans le même sens, concernant les pères et
les enfans.

Grâce à la déclaration de M. d'Hermopolis, qui nous a promis de ne pas se précipiter dans le bien, et à celle de M. le cardinal-archevêque de Toulouse, qui, dans son discours au roi à l'occasion du sacre, a bien voulu nous faire espérer de la prudence, la France n'en est pas encore (au regret de bien des gens) parvenue au point de perfection des royaumes de Naples et de Sardaigne; elle en approche chaque jour; on commence à en voir quelque chose dans un mandement à l'occasion du sacre, de M. l'archevêque-administrateur de Lyon.

« C'est dans le temple de Dieu que le » prince va contracter la religieuse obli- » gation de régner en roi juste et en roi » chrétien, c'est-à-dire de faire observer » les lois du royaume et *de prêter son* » *appui à l'exécution de celles de l'É-* » *glise.* »

Cette doctrine, dont on cherche tant qu'on peut à adoucir les termes, n'est pas nouvelle. Une partie du clergé a toujours regardé cette partie des fonctions royales comme le premier devoir des rois. « Vous » devez vous souvenir sans cesse, dit à un

» souverain saint Léon, pape, *que le pou-*
» *voir* royal ne vous a pas été donné seule-
» ment pour le gouvernement du monde,
» mais principalement pour la défense de
» l'Église [1]. »

A ce sujet, je dois faire disparaître une pré-
vention que je trouve généralement établie :
c'est que cette doctrine est sortie seulement
de l'ultramontanisme moderne. Elle appartient tout-à-fait à l'esprit prêtre. On va la
voir consacrée par le plus gallican de tous
les hommes, par Bossuet, dans son Discours
sur l'Unité de l'Église. Je demande quelque
attention pour les passages suivans :

« L'Église a appris d'en haut à se servir
des rois et des empereurs pour faire mieux
servir Dieu, pour élargir, disait saint Grégoire, les voies du ciel.... »

Un empereur roi disait aux évêques: « Je
veux que, secondés et servis par notre puissance, vous puissiez exécuter ce que votre
autorité vous demande. »

[1] Debes incunctanter advertere regiam potestatem tibi non solum ad mundi regimen, sed maximè ad Ecclesiæ præsidium esse collatam.

Bossuet fait remarquer ici que la puissance royale, qui partout ailleurs veut dominer, ne veut, en ce qui concerne les lois des évêques, que servir : *famulante ut decet potestate nostrâ*.

Voici un passage plus fort :

« Que ceux, dit-il aux évêques, qui n'ont
» pas la foi assez vive, pour craindre les
» coups invisibles de votre glaive spirituel,
» tremblent à la vue du glaive royal. Ne
» craignez rien, saints évêques. Si les hom-
» mes sont assez rebelles pour ne pas croire
» à vos paroles, qui sont celles de Jésus-
» Christ, des châtimens rigoureux leur en
» feront, malgré qu'ils en aient, sentir la
» force, et la puissance royale ne vous man-
» quera jamais. »

Ces belles paroles sont soutenues par l'autorité d'un saint empereur, qui disait à un saint pape :

« J'ai dans mes mains l'épée de Cons-
» tantin, vous, celle de Pierre. Joignons
» les mains, unissons le glaive au glaive. »
(*Discours de Bossuet sur l'Unité de l'Église.*)

Jurisconsultes français, tel est le BIEN dans

lequel le zèle de quelques prêtres veut nous *précipiter*, et vers lequel la *prudence* de quelques autres, grâce à notre constitution, consent à ne nous mener que pas à pas.

SECONDE PARTIE.

DANGERS RÉSULTANT DES FAITS QUI VIENNENT D'ÊTRE EXPOSÉS.

DANS le narré qui vient d'avoir lieu, je n'ai pas cru devoir rappeler les faits qui concernent, soit l'entrée donnée dans la Chambre des pairs à un certain nombre d'évêques, soit la même faveur pour le Conseil d'État, soit le système général des missionnaires, soit l'invasion par les prêtres, sous un grand-maître prêtre, de toutes les parties de l'instruction publique, soit enfin la multitude de faits scandaleux, survenus relativement aux mariages, aux sépultures, aux baptêmes. Ces faits étant généralement connus, et appartenant au plan général adopté de concert par le gouvernement et par le clergé, j'ai cru devoir m'arrêter principalement sur le système de doctrine dont ces faits émanent. Toutefois, comme ces faits particuliers vont comparaître dans cette seconde partie, en compagnie des quatre principaux points qui ont été traités, j'ai cru devoir les appeler ici, pour préparer l'attention du lecteur, car ils sont graves et ajoutent une grande importance à la discussion.

Dans une matière aussi vaste, on sentira que je n'ai dû traiter l'ensemble qu'après avoir épuisé les détails. Je vais montrer que le système des congrégations mis à part, celui des jésuites, celui de l'ultramontanisme, celui de l'esprit d'envahissement des prêtres, considérés isolément, suffiraient pour bouleverser un empire.

Que sera-ce de ces quatre systèmes agissant réunis?

C'est ce que j'examinerai dans une troisième partie.

CHAPITRE PREMIER.

DES DANGERS RÉSULTANT DE L'EXISTENCE DE LA CONGRÉGATION.

LORSQUE, pendant un temps, l'Europe a été menacée par des associations de la couleur la plus criminelle, c'est-à-dire par les jacobins, et que, pendant un autre temps, elle a chancelé sous l'empire d'associations les plus vertueuses, car il y en a une qui a pris le nom même de la vertu, il peut paraître étrange qu'il y en ait une nouvelle qui soit parvenue à se former auprès du gouvernement, si ce n'est avec une approbation expresse de sa part, au moins avec une si grande indulgence qu'elle peut passer pour de la faveur.

Ce phénomène semblerait inexplicable, si on ne faisait attention au caractère particulier d'une époque où la France a couru les plus grands dangers, et où le gouvernement a eu besoin d'appeler à lui les plus grands secours. Je traiterai plus particulièrement ce point dans une autre partie, où j'aurai à rechercher, soit le caractère du système que j'ai signalé, soit celui de ses principaux coryphées. Je n'ai à établir en ce moment que le caractère général des *congrégations*, et les dangers qui en peuvent ressortir pour tout État policé, et plus particulièrement pour la France.

L'homme isolé se sent faible. Le sentiment de cette faiblesse l'a porté dans l'origine des choses à se réunir à ses semblables, à l'effet de se procurer collectivement une force qu'il a senti lui manquer comme individu. C'est ainsi que se sont formées les sociétés. Une fois formées, de nouvelles agrégations s'établissent encore dans leur sein, et composent, sous diverses dénominations, des colléges de science, de doctrine, d'arts, de commerce et de manufactures.

Dans les temps ordinaires, ces agrégations particulières, saisies par l'agrégation générale, sont soumises et coordonnées à ses mouvemens. Dans les temps de crise, lorsque, par quelque cause, l'État est menacé, un appel général est fait ordinairement à de nouvelles forces ; et comme d'après l'ancien axiôme de chimie, *corpora non agunt nisi soluta*, c'est à un déplacement de tout l'Etat qu'il faut quelquefois recourir pour sauver l'Etat ! Chose singulière ! c'est avec un mode de monarchie que les républiques menacées cherchent à se préserver. Rome, dans ses troubles, eut recours à des dictateurs. Les monarchies, de leur côté, cherchent à se préserver par un mode de république. Louis XVI eut recours aux états-généraux qui le perdirent. Philippe-le-Bel eut recours à des états-généraux qui le sauvèrent. Les monarchies d'Allemagne ont eu recours à l'association populaire de la vertu.

En France, dans ces derniers temps, lorsque toute l'Europe était inondée de carbonaris, et que les affiliés de Berton et de ses consorts menaçaient toute la France ; contre cette force de dissolution qui tendait à des créations nouvelles, il pouvait être bon de composer des *contre-forces*, tendant à la conservation. Aussi n'est-ce pas dans ses principes que l'association allemande de la Vertu a paru dangereuse aux puissances de l'Europe ; elles l'ont au contraire approuvée et favorisée. Ce n'est pas non plus dans ses principes que l'association, appelée aujourd'hui *congrégation*, doit être regardée comme vicieuse ; elle a été au contraire bienfaisante. C'est dans sa permanence, c'est par son obstination à vouloir s'étendre et se conserver, lorsque les causes qui lui ont donné naissance ont disparu, qu'elle devient un objet d'animadversion ; et alors, ni son origine respectable, ni ses principes purs, ni ses anciens services, ni le caractère recommandable de ses principaux membres, ne la mettront à l'abri de la censure.

Et d'abord on peut la considérer sous trois points de vue ; en premier lieu, comme association religieuse, n'ayant à s'occuper que de rites et de pratiques pieuses ; en second lieu, comme association politique, ayant à traiter secrètement des affaires d'État ; en troisième lieu, comme association mélangée de religion et de politique.

Sous le premier point de vue, c'est-à-dire considérée comme congrégation religieuse, je n'ai qu'à répéter ce que l'avocat-général Joli de Fleury disait au parlement de Paris

en 1760; savoir que : « Par rapport à la re-
» ligion même, selon un grand nombre de
» conciles, ces établissemens nuisent aux
» fidèles, et dérangent l'ordre établi dans
» l'Église; qu'elles nuisent même au tem-
» porel, et introduisent le fanatisme dans
» les esprits; qu'elles ne doivent leur éta-
» blissement qu'à la négligence des minis-
» tres et à la dévotion peu éclairée des
» fidèles, qui aiment mieux ce qui est de
» leur choix, et les moyens de se sanctifier
» qui sont de leur invention, que ceux que
» Jésus-Christ leur a prescrits; que l'Église
» n'étant autre chose que l'assemblée des
» fidèles unis aux pasteurs qui la gouver-
» nent, il ne peut y avoir de légitime as-
» semblée sans leur permission; que dans
» l'ordre politique, toute assemblée faite
» sans l'approbation du prince, serait con-
» damnable, et qu'il en doit être de même
» pour les assemblées des fidèles. » (*Regist.*
du parlement.)

Considérée comme politique ou comme
mélangée de religion et de politique, l'existence actuelle de la congrégation présente
des inconvéniens beaucoup plus graves. Pour

peu qu'on ait d'instruction, on est frappé de l'énormité de force que peuvent acquérir des combinaisons de ce genre, lorsqu'elles sont abandonnées à elles-mêmes et favorisées par les circonstances. On a vu sortir des plus petits berceaux, des puissances qui, s'étendant successivement, ont fini, tels que les Teutons et les Templiers, par remplir le monde. On admire comment les simples desservans d'un hôpital ont été amenés à fonder à Malte et à Rhodes une puissance redoutable. On apprend, par-là, que lorsque la plus simple combinaison se trouve au milieu d'un ordre de mouvemens importans qui peut se rattacher à elle, ou auquel elle peut se rattacher, elle peut prendre à la suite des temps une dimension incalculable.

D'après ces principes, je demanderai ce qu'on veut faire aujourd'hui de la *congrégation?* Veut-on la laisser tomber dans le mépris par le spectacle continu qu'elle offrira de son inutilité, et compromettre par-là le caractère honorable qui appartient à son origine ? ou bien en veut-on faire parmi nous un objet de haine, par la crainte qu'inspirera le spectacle continu d'une énergie sans

objet? La Vendée a sûrement été admirable.
Voudrait-on conserver en action, dans la
Bretagne et dans le Poitou, le mouvement
par lequel elle s'est formée? La police de
Paris s'arrangerait-elle du mouvement qui,
sous le Directoire, organisa les sections? La
ville de Lyon et son préfet s'accommode-
raient-ils du mouvement qui, sous la Convention, présida à la formation de ses mi-
lices? Tout cela a disparu et obtient de nous
des souvenirs de respect. Que la congrégation disparaisse de même, et elle obtiendra
de tous les Français fidèles la reconnaissance
qui est due à ses services.

Son objet primitif ayant été la défense de
l'autel et du trône, s'il se trouve que l'autel
et le trône ne sont pas attaqués, ou que,
contre des attaques individuelles ordinaires,
les moyens ordinaires sont suffisans, la congrégation, moyen extraordinaire pour des
temps extraordinaires, ne sera plus, dans le
corps social, qu'une véritable superfétation.
Auprès de la puissance légitime, elle se trouvera une puissance rivale, et par-là menaçante; auprès du corps des citoyens, elle
deviendra une puissance tracassière, en ce

que voulant faire, lorsqu'elle n'a rien à faire, elle désordonnera l'action régulière de l'État. Partout où ses forces se porteront, elles feront surabonder les forces existantes. En portant la précipitation là où il ne faut que du mouvement, elle détruira partout l'équilibre ; elle mettra le feu là où il ne faut que de la chaleur.

Ce ne sont pas les seuls dangers. La congrégation est-elle une puissance isolée ? Non, certes. Elle se présente comme prédominante, de conserve avec plusieurs autres puissances déjà prédominantes et se soutenant les unes les autres. Auprès de toutes ces puissances, si on veut faire attention au vide immense que la révolution a laissé, on s'apercevra qu'à la différence des anciens temps, où le corps social était rempli et fortifié d'institutions diverses, il y a aujourd'hui absence totale. La congrégation n'ayant plus d'obstacles, prendra d'autant plus de place, qu'elle ne trouvera rien auprès d'elle. Au milieu d'une monarchie qui certes n'est pas nouvelle, mais qui s'est placée sur certaines bases qui peuvent paraître nouvelles ; auprès d'une Chambre des pairs nouvelle-

ment et assez singulièrement composée ; auprès de corps judiciaires tout nouveaux, in-
certains partout de leur sphère et de leurs
attributions ; auprès d'une noblesse qui voudrait avoir un corps, et qui n'est qu'une
ombre ; auprès d'une classe moyenne, qui
voit le monde entier dans le mouvement industriel ; enfin, auprès d'institutions dépar-
tementales et municipales sans organisation,
et par conséquent sans consistance, toutes
les fois qu'une combinaison particulière sociale se présentera avec un grand volume et
un grand mouvement, on peut s'attendre
qu'elle aura un grand effet, qu'elle envahira
toutes les places vacantes, et encore les
places mal gardées. Une puissance laïque
formée par la puissance ecclésiastique, à
l'effet d'entrer dans les choses du monde, y
entrera certainement avec facilité et par
toutes les issues. Dans l'état où est la France,
on veut sans cesse nous donner des soldats :
qu'on nous donne des architectes. On veut
nous donner une puissance qui combatte :
donnez-nous une puissance qui édifie.

A toutes ces considérations on peut ajouter celles qu'un jurisconsulte, extrêmement

honorable, vient de publier. Si on veut reconnaître avec lui qu'avec une association de ce genre *la sûreté intérieure serait continuellement menacée* [1], *la sûreté même du monarque et celle de sa dynastie troublée*, on comprendra qu'il est impossible à un royaliste de s'arrêter un moment à défendre une telle institution. Aussi ne cherche-t-on pas aujourd'hui à défendre ; on cherche seulement à éluder. Les uns se fient à un mouvement d'opposition générale qu'on voit partout se manifester ; les autres croient que le gouvernement, qui a long-temps soutenu en secret la congrégation, cherche à la faire disparaître ou à la modifier.

Commençons par les oppositions.

Je conviens qu'elles ne manquent pas. Il y en a sûrement de très-fortes de la part de plusieurs membres honorables du clergé qui voient avec peine, comme M. Billecoq, la religion et le sacerdoce se commettre dans une carrière que le zèle de quelques hommes respectés peut faire trouver excusable, mais

[1] Du Clergé de France, p. 78.

que l'esprit de prévoyance, l'expérience des siècles, une connaissance plus approfondie des faiblesses humaines, en même temps que les vœux secrets de quelques personnages influens, leur fait regarder comme une invention ambitieuse.

Une autre partie d'opposition se manifeste dans les corps judiciaires. D'anciens magistrats imbus des doctrines parlementaires, la mémoire pleine des anciens jugemens portés dans toute l'Europe contre l'institution des jésuites et leur système d'affiliation; des magistrats qui, par eux-mêmes ou par des traditions récentes, sont pénétrés des dangers, non-seulement de l'ultramontanisme, c'est-à-dire de la doctrine qui consacre la suprématie des papes sur les rois, mais dans les simples prêtres, de la prétention d'étendre, aux dépens de toute autre domination, leur propre domination, s'étonnent et s'interrogent sur une puissance nouvelle qui, sur le théâtre politique, occupe déjà une grande place, et qui, sur celui des influences morales, l'a envahie tout entière.

Une autre partie d'opposition se trouve dans quelques royalistes, lesquels étant attachés de cœur à la cause de la royauté, à ses prérogatives, à sa supériorité, à sa dignité, s'impatientent du rang auquel on veut faire descendre le monarque, et déclarent qu'ils ne veulent pas plus de la souveraineté des prêtres que de la souveraineté du peuple.

Un autre élément d'opposition se trouve dans le corps de la nation qui, étant attachée au régime de la monarchie selon la Charte, voit avec inquiétude une puissance nouvelle, peu amie de la constitution actuelle des choses, y méditer des changemens, et prendre chaque jour des forces pour l'effectuer.

Je pourrais mentionner aussi, si je voulais, l'opposition révolutionnaire. Mais tandis que le reste de la France se lamente et s'afflige, je crains que celle-ci ne se réjouisse de ces excroissances nouvelles qui vont faire sentir leur aiguillon à la légitimité, venger la gent libérale de ses défaites, et créer d'heureuses sources pour elle de mécontentement et de révolte.

Quelques personnes tournent leur espérance vers la Chambre des députés. S'il est vrai qu'il n'y ait encore dans cette Chambre que 105, 120 ou 130 membres de la congrégation, la majorité non congréganiste se trouve sans doute considérable. A la cour, dans la garde royale, parmi les officiers et sous-officiers de l'armée, on peut compter une majorité encore plus grande.

Enfin, comme on sait que le monarque, les princes et les princesses de son auguste famille, ne figurent en aucune manière dans ces nouveautés, et que quelques-uns même de nos grands personnages, auxquels le respect des Français s'attache particulièrement, les improuvent, non-seulement une portion du public, mais des hommes, même réputés avisés, affectent de l'indifférence.

Voilà bien des motifs d'espérance. Faut-il s'y fier ?

Certes, si cet ensemble d'opposition était habilement dressé et dirigé, comme il a une grande importance, il pourrait avoir un grand effet. Pour cela il faudrait qu'il parût avec des garanties imposantes. Si au plus haut de l'Etat les hommes les plus considérables n'ont que des opinions fausses, et si dans le corps, les hommes les plus recommandables partagent leurs méprises, que faire avec ces deux espèces d'hommes ! Et d'abord, au plus haut de l'Etat, celui-ci ne désavoue pas la puissance de la congréga- tion ; mais il laisse entrevoir qu'elle ne peut être durable. « C'est un torrent, dit-il, qu'il » faut laisser écouler. » Celui-là me dit que c'est une puissance établie, avec laquelle il faut s'arranger. « En Bretagne, par exem- » ple, quelque autorité que vous ayez, soit » comme grand propriétaire, soit comme » ancien seigneur, votre influence sera » nulle, si vous ne la soumettez pas à celle » des prêtres. » Un autre m'allègue pour principe, que quand on appartient à un parti, il faut marcher avec sa sagesse, comme avec ses folies, et ne jamais l'abandonner.

Auprès des hommes pieux vous ne trou- vez pas plus de ressource : celui-ci vous dit que la royauté et la religion ayant couru de grands dangers, on ne saurait donner trop de force à une combinaison formée d'hommes religieux et de royalistes. Un autre vous dit que dans un siècle qui pro- fesse l'amour de la liberté, d'une manière qui signifie par-dessus tout la haine du pou- voir, on ne saurait donner trop d'avantage au clergé qui est particulièrement ami du pouvoir; que dans un siècle qui professe je ne sais quelle philosophie qui n'est autre chose que l'impiété, on ne saurait donner trop d'autorité à une combinaison essentiellement amie de la religion.

Si on pouvait espérer de faire entendre raison à ces personnages, on dirait à celui-ci que si on ne peut toujours arrêter les torrens, on peut au moins les détourner : ils passent, il est vrai, mais après avoir tout ravagé. Il en est ainsi des factions. N'en tenir compte, est une faute ; leur donner appui, est un crime. On dirait à celui-là, que si en Bretagne et dans d'autres parties de la France, l'influence des prêtres efface celle des propriétaires, c'est un vice qu'il faut réformer, et non pas un ordre de choses qu'on doive favoriser. On dirait à un troisième que si un simple soldat du troupeau, *gregarius miles*, est excusable de se laisser entraîner aux folies de son parti, celui-là ne peut plus l'être, qui revêtu de l'autorité est parvenu au suprême pouvoir ; que tout est perdu, lorsque, chef d'un parti qui s'égare, on n'a plus auprès de lui l'espérance de le faire revenir de ses écarts. On dirait à tous que l'esprit du mal prend toute sorte de bannières pour arriver à ses fins. Au nom de la liberté, il nous mène à la servitude; au nom de l'humanité, à des massacres; au nom de la religion , il nous mènera tout de même à l'impiété. La France, si elle était livrée aux folies royalistes de Coblentz, ou aux folies religieuses de l'Espagne, croulerait aussi vite que sous les bannières franchement déployées de l'impiété et du républicanisme.

C'est ainsi qu'au milieu de la confiance de ceux-ci et de l'insouciance de ceux-là, de l'opposition de quelques autres, l'Etat marche à pleine voile vers les abîmes. L'opposition sur laquelle on se fie a beau être nombreuse, elle ne peut avoir aucun effet, lorsque d'un côté décréditée par des voix révolutionnaires qui se mêlent aux voix royalistes, elle n'a pour support qu'une masse respectable, à beaucoup d'égards, mais toute désunie. Le parti assaillant au contraire, encore qu'il ait quelques points de division, est bien autrement lié dans toutes ses parties. Avec des rangs composés, des pouvoirs distribués, une hiérarchie faite , il marche au milieu des consciences aveuglées sur un terrain et vers un but qu'il connaît bien. Peut-être a-t-il contre lui en secret le gouvernement qui paraît le favoriser. Qu'importe si ce gouvernement qu'il a courbé, il le force de marcher avec lui ! Oui, l'opposition est forte ; elle est immense. On la vaincra souvent : on ne la soumettra jamais. C'est même pour moi un motif d'inquiétude : car l'espérance, en ce cas, est celle de la guerre civile. Quoi qu'on fasse, la France ne consentira jamais à la dégradation de son roi et à la sienne. Je suis convaincu en même temps que le parti qui y tend ne se départira pas de sa voie. Que me fait après cela la sécurité de quelques *béats* religieux ou de quelques *béats* politiques ? Encore et encore nous ne sommes pas au temps des grands malheurs : nous sommes au temps des grands dangers.

En même temps que je trace ces lignes, on m'assure que la congrégation n'existe plus, ou du moins a tout-à-fait changé d'objet. Il paraît qu'on a voulu persuader la même chose à M. Billecoq, et qu'on y est parvenu. J'apprends moi-même, par le témoignage de personnes que je respecte, qu'à la

suite des missions il y a eu des congrégations toutes pieuses dont elles faisaient partie,
et qui n'avaient aucun objet politique. Que
puis-je dire! ce que j'ai affirmé au passé est
CERTAIN : ce qu'on m'allègue au présent peut
l'être de même ; et malgré cela il est cons-
tant qu'il existe dans toute la France un système de congrégations qui partout se cor-
respondent, ou manœuvrent pour se cor-
respondre. L'on dissimule depuis quelque
temps les directions politiques ; a-t-on réussi
à les réduire à de simples rites ? je l'ignore ;
mais voici ce que je sais.

Je sais que ce système plus ou moins
favorisé, plus ou moins dissimulé, porte le
trouble partout.

Je sais que la France entière est imbue de
l'opinion qu'elle est gouvernée aujourd'hui,
non par son roi et par ses hommes d'Etat,
mais comme l'Angleterre des Stuart, par des
jésuites et par des congrégations.

Je sais qu'il y a sur ce point, chez les uns
un mouvement de douleur, chez d'autres
un mouvement de dérision, chez le plus
grand nombre un sentiment de honte qu'une
nation ne peut long-temps supporter.

Je sais que cette disposition, que la fidélité au roi de la part des membres actuels
du gouvernement, devrait chercher à repousser, en repoussant les rumeurs qui
l'entretiennent, est négligée par ceux-ci
comme insignifiante, et que les rumeurs sont
propagées par ceux-là comme utiles.

Je sais que de grands personnages, au
plus haut de l'Etat, et encore d'autres dans
un degré inférieur, qui appartiennent plus
à la vie monastique qu'à la vie chrétienne,
loin de gémir de cet état de choses, s'en ap-
plaudissent et le secondent de toutes leurs
forces.

Je sais que la plupart des évêques marchent avec ardeur dans cette direction, et
que dans beaucoup de villes, de préfectures,
des coteries particulières sous leur direction,
ne cessent de tourmenter, et finalement de
dominer les dispositions des préfets, pour
les faire entrer bon gré mal gré dans leurs
vues.

Je sais que les préfets se plaignent *tout
bas*. Je dis tout bas, dans la persuasion où
ils sont, d'après beaucoup d'exemples, que
la moindre dissidence de leur part sera, au-

près du gouvernement, un sujet de disgrâce.

Je sais que des magistrats très-royalistes et très-pieux, soit à Paris, soit dans les provinces, sont effrayés.

Je sais qu'auprès du roi, des personnes qui lui sont ardemment dévouées, lesquelles avaient, dans le principe, partagé ces vues, sont aujourd'hui dans la terreur, et qu'au plus haut on n'est pas rassuré.

Enfin je sais que parmi les ministres quelques-uns qui caressent ces dispositions qu'ils n'osent combattre, prennent dans leur intérieur des précautions pour échapper à leurs effets.

Dans une telle situation, si nous étions encore sous l'ancien régime, je verrais au-devant de moi des parlemens, de grandes corporations, de grandes institutions. Je saurais où me réfugier, je saurais, pour la défense de mon roi et de mon pays, où chercher des armes; aujourd'hui je ne le sais pas.

J'apprends en ce moment, par un recensement nouvellement fait, que la congrégation renferme 48,000 individus. Le moyen, a dit un personnage congréganiste, de résister à une semblable congrégation !

CHAPITRE II.

POUR prouver que le retour des jésuites est indispensable à la France, on allègue les grands malheurs qui ont suivi leur suppression; on affirme que c'est à cette suppression, en 1762 , que nous devons l'explosion , d'abord de l'esprit philosophique, bientôt celle de la révolution. Je ne puis comprendre une telle assertion. Il me semble que c'est pleinement de l'école des jésuites que sont sortis d'Alembert, Raynal, Helvétius, Voltaire, c'est-à-dire tous les premiers apôtres de l'impiété. Diderot lui-même avait été élevé chez les jésuites; de plus, il avait fait cinq ans de théologie au séminaire de Saint-Louis dépendant de Saint-Sulpice.

Comment! c'est la retraite des jésuites qui a donné naissance à l'esprit philosophique! Mais après cette suppression, la foi chrétienne a-t-elle été abandonnée? le zèle de M. de Beaumont s'est-il refroidi? les ouvrages de M. Bergier, de M. Voisin et de l'abbé Guénée ont-ils manqué de talent et de célébrité? ces philosophes eux-mêmes si redoutables n'ont-ils pas été joués sur la scène? a-t-on oublié la Dunciade et la comédie des philosophes? a-t-on oublié les satires de Gilbert? le parlement de Paris lui-même a-t-il manqué de faire brûler par la main du bourreau les livres impies qui ont été à sa connaissance? n'a-t-il pas fait rompre vif le chevalier de la Barre? Qu'aurait pu faire de mieux la société des jésuites?

Soyons vrais; la philosophie du dix-huitième siècle qu'on dit être provenue de l'absence des jésuites, est précisément sortie de leur école. Aussi ne sont-ce pas les philosophes qui les ont attaqués. En recherchant leurs ouvrages, on trouve qu'ils les ont regrettés. D'Alembert, Jean-Jacques, Voltaire, leur ont donné des éloges. Cette partie de la justification des jésuites est précisément ce qui pourrait les faire condamner. Mais il n'est pas nécessaire de s'y arrêter. Le repoussement général contre les jésuites appartient à des motifs plus graves.

Et d'abord si on consulte chez tous les hommes instruits les impressions qu'ils ont reçues de leur jeunesse, si on veut rappeler dans sa mémoire les faits anciens qui concernent les jésuites, ce dont on est frappé avant tout, c'est la multitude de jésuites de tous les pays qui ont été condamnés aux galères, exilés, pendus. Parmi les pendus figurent en Angleterre un père Briond, pour avoir conspiré contre la reine Elisabeth ; un père Campian, pour la même faute ; un père Kervins, comme complice des précédens. De plus, un père Parsons, un père Ballard. En France, c'est un père Guignard. Celui-là n'a pas été pendu, mais écartelé et brûlé en place de Grève. C'est son confrère le père Gueret. En Portugal, c'est un père Malagrida ; c'est le père Jean Mathos, le père Jean Alexandre. Je ne finirais pas, si je voulais rechercher et citer tous les noms des jésuites chassés, envoyés aux galères, poursuivis par les diverses cours de justice en divers pays et en divers temps. Conspiration d'Etat, doctrines, tentatives ou exécution, jusqu'à

soixante-huit écrivains de cet ordre en faveur du régicide : leur histoire n'est qu'une
suite d'attentats.

Quand, depuis un siècle, tous les esprits
en France sont frappés de cette impression,
on se demande par quel miracle d'aveuglement une multitude de bonnes ames s'obs-
tinent à demander des jésuites. Si aujour-
d'hui il plaisait au gouvernement de rassembler, je ne dirai pas nominativement, tous
les membres vivans de la Convention , mais
avec leurs enfans et leurs disciples, leurs
prôneurs , leurs fauteurs , leurs admira-
teurs, pour en faire une institution particulière; confier à cette institution l'éducation
de la jeunesse, la personne de nos princes,
qui sait ! peut-être même la personne de
Mgr. le duc de Bordeaux, il y aurait un cri
d'indignation dans toute l'Europe, et probablement de la résistance en France. Les
bonnes ames aujourd'hui en France et en
Europe consentent à s'effrayer de ceux qui,
sous le nom de jacobins, prétendent avoir
le droit d'assassiner ou de déposer les rois
par l'autorité du peuple. Ils ne le sont point
du tout de ceux qui prétendent avoir le droit

de les déposer ou de les assassiner par l'autorité du pape.

On peut dire que c'est là une inconséquence de la tourbe. Voyons comment les beaux esprits (ces metteurs en œuvre des absurdités de tous les temps) réussissent à parer leur idole.

« Ces crimes, disent-ils, que vous recherchez avec tant de soin, sont le fait de quelques individus, nullement celui du corps, encore moins de son institution. Que des jésuites aient voulu tuer des princes qu'ils regardaient comme des tyrans, ce n'est ni ce que nous contestons, ni ce que nous approuvons. Mais ces crimes et les doctrines qui ont été publiées à leur appui, appartiennent-ils seulement aux jésuites? Combien de philosophes, de bons libéraux, de bons jacobins en ont fait autant? Nous admettons, si vous voulez, que pendant toute la vie d'Henri IV, les jésuites ont médité de le tuer, et que finalement ils l'ont fait assassiner. Mais Damiens qui a poignardé Louis XV, Louvel qui a assassiné le duc de Berry, les assassins de Louis XVI, ceux de Marie-Antoinette et de la princesse de Lamballe, n'étaient pas jésuites. On n'a pas bouleversé la France pour ces crimes. Dans les temps anciens où il n'y avait pas de jésuites, des armées ont déposé leurs généraux; des gardes ont assassiné leur empereur; le clergé en corps a déposé Louis-le-Débonnaire et Charles-le-Chauve. Plusieurs papes ont déposé des princes et des rois. On accuse les jésuites de violences et de crimes; mais les dominicains n'ont-ils pas établi l'inquisition? n'ont-ils pas fait mourir par le fer et par le feu des milliers d'Albigeois? Etait-ce un jésuite que celui qui disait d'un mélange d'hérétiques et de catholiques faits prisonniers pêle-mêle: *Tuez tout: Dieu reconnaîtra ceux qui lui appartiennent.* Dans le palais, n'est-il jamais arrivé que des courtisans aient assassiné leur prince; dans la maison, que des serviteurs aient assassiné leurs maîtres? En Allemagne, de bons jeunes libéraux n'ont-ils pas assassiné Kotzebue? La mort de Kléber ne nous apprend-elle pas que les Musulmans ont aussi leur meurtre sacré? Vous proscrivez les jésuites, parce que, dans des temps de folie, quelques-uns d'entre eux se sont arrogé le droit de faire tuer les rois. Supprimez aussi les armées, parce qu'il y en a eu qui se sont révoltées contre leurs chefs, proscrivez les assemblées représentatives, parce qu'il y a eu dans le nombre de ces assemblées, des conventions et des *longs parlemens;* proscrivez la liberté, parce qu'elle a produit des crimes; la religion, parce qu'elle a eu des fanatiques. Les fautes ou les crimes des jésuites d'autrefois appartiennent aux temps et aux erreurs d'autrefois. Les temps et les jésuites d'aujourd'hui sont d'une autre nature. Oui, nous leur confierons la jeunesse de nos princes, la personne même de Mgr. le duc de Bordeaux, comme nous les confions à l'armée actuelle, à la garde actuelle, quels qu'aient pu être les délits des anciennes gardes et des anciennes armées. »

Quelque ingénieuse que soit la défense d'une mauvaise cause, il est facile à travers l'art des paroles de trouver le point de sophisme. Il se trouve ici dans deux suppositions : la première, que l'institution actuelle des jésuites n'est pas la même que celle d'autrefois; la seconde, que les jésuites sont en France d'une nécessité semblable à celle des corps judiciaires, des gardes et des armées.

Cette dernière prétention me paraît surtout extraordinaire. Quand une institution indispensable se présente dans un Etat, et qu'elle montre l'appareil d'une grande puissance, la sagesse fait prendre relativement à cette institution les précautions nécessaires pour jouir de sa puissance et se préserver de ses écarts. Les armées et les gardes du palais sont mises ainsi sous une discipline sévère, les assemblées délibérantes sont soumises à des règles sur lesquelles on veille avec l'autorité nécessaire pour que ces corps ne puissent les transgresser. Peut-on dire que les jésuites qui ont cessé d'être Français du moment qu'ils se sont engagés par serment à l'obéissance, à un prince, à un général étranger, sont soumis au roi de France comme le sont ses armées et sa garde? Peut-on dire que leurs opérations ainsi que leurs délibérations soient livrées à la publicité, et à des règles aussi préservatives que celles qui régissent nos assemblées? Le pape et le général des jésuites sont sûrement les amis de la France : je suis convaincu qu'ils n'ont l'intention de nous faire aucun mal; mais le roi de Prusse et l'empereur d'Autriche sont aussi de nos amis. Que dirait-on du projet de faire entrer en France, pour notre protection et sous leurs ordres, cent ou deux cent mille hommes de leurs troupes?

En examinant ce que les jésuites ont été autrefois, on allègue que la question est mal posée. Elle le serait bien plus mal en examinant seulement ce qu'ils sont à présent. D'abord c'est que, selon ce que nous connaissons d'eux par le passé, il est indifférent aux membres de cet ordre d'adopter telle ou telle doctrine, telle ou telle ligne de conduite; tout est subordonné en ce genre aux circonstances et à la position que les circonstances leur commandent. Tout est subordonné aussi à la volonté du pape et à celle de leur général. Encore que l'ultramontanisme ait parmi eux une grande faveur, je suis convaincu qu'il y a à Montrouge, ainsi que dans les bureaux de M. Franchet, un certain nombre de gallicans qu'on tient en réserve pour les produire dans l'occasion. On obtiendra d'eux quand on voudra, pour la Charte et pour l'égalité devant la loi, les professions qu'on exigera.

J'irai plus loin.

Dans ce premier moment de leur appari- tion, au milieu d'un pays tout dévoué à la lé- gitimité, je suis convaincu que les promoteurs de l'institution se sont attachés à entretenir leurs élèves dans les meilleurs principes. Je ne doute pas que non-seulement le révérend père Genes..., mais chacun des religieux en particulier , ne soient animés sincèrement d'amour pour le prince , de respect pour ses ordres; qu'ils ne soient animés de même de la meilleure volonté, pour entrer dans notre nouveau système civil et politique. On m'as- sure que de Montrouge et de Saint-Acheul, il parvient fréquemment à monseigneur le Dauphin , aux princes et princesses du sang, les protestations les plus vives , d'amour , d'obéissance , de fidélité. Je les crois sin- cères. Relativement à la morale de l'ordre , qu'on a signalée autrefois comme relâchée, je ne doute pas que les nouveaux religieux ne se montrent aujourd'hui très-austères. J'apprends qu'ils en sont venus jusqu'à in- terdire à leurs élèves non-seulement les bals et les spectacles, mais encore à Paris les promenades aux Tuileries et dans les places publiques. Je sais tout cela, mais je sais aussi que c'est une mauvaise manière de raisonner sur une institution, que de la juger sur son début. C'est sa nature qu'il faut examiner avant tout ; c'est son organisation, son esprit, sa tendance. Les loups sont en général d'assez mauvaises bêtes. Ils dévorent les moutons, les chiens, quelquefois les bergers. Et cependant j'ai rencontré dans des maisons particulières de jeunes louveteaux tout-à-fait familiers. Ces louveteaux tout jeunes vous caressent, vous lèchent. Laissez-les grandir ! Rois de l'Europe, l'institution des jésuites vous lèche aujourd'hui, vous caresse. Elle est dans l'innocence de l'âge. Laissez-la arriver à la puberté ! Laissez-la développer son véritable caractère !

Je serai franc à cet égard. Je ne crois pas que ce caractère soit de la férocité. Je ne crois pas que l'intention précise des jésuites ait jamais été de tuer les rois. Elle a été seulement de les dominer. Il fallait les tenir menacés sans cesse, afin de les tenir subjugués.

On espère qu'il y a à cet égard quelque chose de changé aujourd'hui. Mais c'est évidemment le même esprit, puisque c'est la même institution. Le bref de Pie VII ne laisse à cet égard aucun doute.

Après avoir spécifié les motifs de leur rétablissement, le souverain pontife déclare « que les jésuites seront distribués dans un » ou plusieurs colléges, dans une ou plu- » sieurs provinces, sous l'autorité de leur » général; que là ils conformeront leur » manière de vivre à la règle prescrite par » saint Ignace de Loyola, approuvée et » confirmée par Paul III. » C'est positif.

Actuellement quand on sait qu'en se conformant à cette règle, les jésuites se sont fait chasser jusqu'à trente-sept fois dans les diverses parties de l'Europe, lorsqu'on sait qu'après avoir fait assassiner Henri III, ils se faisaient non-seulement absoudre par le pape, mais encore approuver [1]; lorsqu'on sait qu'ils faisaient ensuite assassiner Henri IV et qu'ils obtenaient de même l'approbation du Saint-Siége ; enfin lorsqu'on sait que tous leurs livres de doctrine régicide ont été approuvés par leurs supérieurs,

[1] Le père Varade trouvait qu'il y avait un péché véniel.

quelquefois par le souverain pontife ; avec tous ces faits présens à la mémoire, que reste-t-il à penser ? Joignons à tout cela le prononcé authentique de tous les parlemens du royaume. Voici, entre autres, les conclusions du parlement de Paris.

« En conséquence, la Cour, toutes les
» chambres assemblées, faisant droit sur
» l'appel comme d'abus interjeté par le
» procureur-général du roi, de l'institut et
» constitution de la société de Jésus,... dit
» qu'il y a abus dans ledit institut, bulles,
» brefs, lettres apostoliques, constitution,
» déclarations, formules de vœux, décrets
» des généraux et congrégations générales
» de ladite société ; ce faisant, déclare ledit
» institut inadmissible par sa nature *dans*
» *tout État policé* comme contraire au droit
» naturel, attentatoire à toute autorité spi-
» rituelle et temporelle, et tendant à intro-
» duire sous le voile d'un intérêt religieux
» un *corps politique*, dont l'essence con-
» siste dans une activité continuelle, pour
» parvenir par toute sorte de voie directe
» ou indirecte, sourde ou publique, d'a-
» bord à une indépendance absolue, et suc-

» cessivement à l'usurpation de toute au-
» torité »

Quand on sait que par ces motifs le roi de France les chasse en 1763, que le roi d'Espagne en fait autant en 1767, le roi de Naples, le duc de Parme, le Grand-Maître de Malte en 1768; qu'enfin le pape lui-même Clément XIV déclare, en 1773, leur société à jamais dissoute et abolie; on s'étonne que quelqu'un de sensé imagine de vanter une telle institution.

Et cependant on assure que le plan est fait; qu'il y a seulement sur ce point deux avis dans le gouvernement. Une partie qui, suivant la direction de M. de Lamennais, veut absolument se précipiter dans le bien, viendra un jour se présenter à la Chambre des députés, déclarer l'existence ignorée de quarante colléges et de vingt mille élèves, et affirmer que le cri de la France entière est pour le rétablissement des jésuites. On assure qu'alors la partie du gouvernement qui, selon la direction de M. d'Hermopolis, ne veut aller *au bien* qu'à pas comptés, demandera par amendement la conservation seulement de quelques maisons d'éducation avec la clause expresse de leur subordination à l'université, et de leur soumission aux évêques. On espère alors que toute la partie de la Chambre qui est opposée aux jésuites, saisie dans le piége et croyant avoir remporté une victoire, acceptera le retour des jésuites *avec les modifications.*

Je désire, de tout mon cœur, que cette annonce ne se réalise pas. Il en résulterait pour toute la France un mouvement mêlé d'indignation et de dérision qui, rejaillissant sur les choses comme sur les personnes les plus sacrées, affaiblirait tellement les respects, qu'à la fin l'obéissance même en pourrait être atteinte.

Quelques personnes veulent ne pas comprendre comment le rappel des jésuites ferait cette impression. Elles ne veulent pas faire attention aux mouvemens les plus naturels du cœur de l'homme. Non sans doute, ce ne sont pas les jésuites d'aujourd'hui qui sont imputables des crimes qui ont été commis autrefois ; mais ce sont des jésuites ; et ces jésuites, c'est cet ordre, cette ancienne institution, avec toutes ses anciennes traditions, que vous reproduisez.

Dans l'armée, si un régiment quelconque avait malheureusement renfermé dans son sein un petit nombre d'hommes semblables au père Guignard, au père Gueret, au père Varade, certainement, encore que le corps entier n'eût pas participé à leurs crimes, un tel corps serait aboli. Il y a, à cet égard, plusieurs exemples ; il n'y en a aucun de l'audace qui se permettrait de réclamer son rétablissement. C'est l'observation que faisait à Henri IV le premier président du Harlay, en rappelant l'histoire de l'assassinat du cardinal Boromée par un religieux de l'ordre des Humiliés. « Les jésuites se plai-
» gnent, dans leurs écrits, que toute la com-
» pagnie ne devait pas porter la faute de
» trois ou quatre. Mais encore que l'assassi-
» nat du cardinal Boromée n'eût été machiné
» que par un seul religieux de cet ordre,
» tout l'ordre fut aboli par le pape Pie V,
» suivant la résolution de l'assemblée des
» cardinaux, quelque instance que le roi
» d'Espagne fît au contraire. »

Je passe dans la rue Richelieu. Je trouve à l'ancien emplacement de l'Opéra un amas de blocs de pierres. Ces blocs, ces édifices auxquels ils appartenaient, ont-ils été coupables de l'assassinat du duc de Berry? Non, sans doute. On a voulu seulement éloigner ce qui pouvait rappeler le souvenir d'un événement horrible. Lors de cet événement, on a vu toutes les familles du nom de Louvel, dont quelques-unes étaient honorables, s'empresser de changer de nom. Lors de l'assassinat de Louis XV par Damiens, tous les Damiens du royaume en firent autant. Il n'y eut pas jusqu'à la ville d'Amiens qui, à cet effet, envoya une députation à Versailles. En vérité je dois des éloges à l'habileté autant qu'à la pudeur des jésuites d'aujourd'hui, qui, en revenant parmi nous, ont cru devoir cacher, pendant quelque temps, sous le nom de pères de la foi, un nom odieux et honteux.

Sans utilité comme corps religieux (nous avons assez de nos curés et de nos évêques); sans utilité comme corps enseignant (nous avons assez de nos écoles et de nos universités); objet de réprobation par les lois; objet d'exécration par les souvenirs tendant à éloigner les affections envers des personnages augustes qui ont l'air de les favoriser,

ainsi qu'envers la religion à laquelle on s'empresse de les associer ; sujet de dissension
parmi nous, à raison du fanatisme ardent
avec lequel un certain parti s'emploie en leur
faveur, et d'un fanatisme non moins ardent,
à ce que j'espère, avec lequel un autre parti
cherche à les repousser; dans un tel ensemble de choses, si le gouvernement, comme
on le dit, pense sérieusement à rétablir les
jésuites, il ne faut pas qu'il soit, comme on
le dit, seulement trompé, seulement aveu-
glé, il faut qu'il soit ensorcelé.

CHAPITRE III.

En commençant cet ouvrage je me proposais de parler avec quelque ménagement des fous qui s'efforcent de placer la religion dans les congrégations, dans les jésuites, dans l'ultramontanisme. Cela m'a été impossible.

Ordinairement les choses précieuses, telles que la sûreté des États, celle des princes, se placent dans des citadelles, dans des places-fortes qu'on cherche à rendre inattaquables. Si par hasard on choisissait des places ouvertes, démantelées, l'extravagance d'un tel peuple et celle de son gouvernement seraient signalées. C'est ce qu'on a fait pour la religion; elle avait pour sa défense les miracles de son fondateur, les prédictions de ses prophètes, le sang de ses martyrs, les vertus et l'autorité de son Église, c'est-à-dire de ses évêques et de ses pasteurs. De bonnes gens, se croyant habiles, ont cru devoir la tirer de-là : ils l'ont placée comme par exprès dans une position sans défense, et sous des drapeaux décriés. Ces hommes ont si bien réussi, que pour une partie de la France religieuse aveuglée, la religion et les jésuites, la religion et la congrégation, la religion et l'ultramontanisme ont paru la même chose.

Cette ineptie ayant eu un plein succès, les restes d'un ancien parti philosophique, impie, libéral, comme on voudra l'appeler, se sont aussitôt mis en mouvement. Ils n'ont fait qu'attaquer la congrégation, les jésuites, l'ultramontanisme ; mais à raison de la confusion établie, leurs attaques ont fait sur une grande partie de la France la même impression que s'ils eussent attaqué la religion elle-même.

Il est résulté de cette circonstance le plus singulier embarras pour la Cour royale ; j'en ai déjà parlé, je dois y revenir encore. Il consistait dans le dilemme suivant : prononçait-elle contre les journaux inculpés ? tout était arrangé d'avance pour faire considérer son arrêt comme étant en faveur des jésuites et de l'ultramontanisme ; jugeait-elle en faveur? tout était arrangé pour tourner son jugement en scandale. En tançant les journaux à raison de leurs inconvenances, en dénonçant en même temps le scandale de l'ultramontanisme et de ses auxiliaires, elle a voulu échapper au piége qui lui était dressé; elle a rempli sans doute un devoir, mais elle a trompé de grandes espérances, et excité par-là de grands ressentimens.

Quand je porte mon attention sur ces ressentimens, je ne puis que gémir du zèle avec lequel de véritables défenseurs du roi, de la religion, de la société, s'évertuent à provoquer la ruine de ce qui leur est le plus cher. Je voudrais leur faire comprendre leur contre-sens, et pour cela, je vais en me supposant leur zèle et leur talent, m'établir dans les positions suivantes.

Je me place d'abord auprès d'un grand monarque du Nord. Admis à ses bontés et à sa confiance, je lui dis : Sire, vous êtes un prince bienfaisant, vous voulez le bonheur de votre nation; voici comment vous devez procéder. Il faut changer brusquement ses habitudes, heurter ses goûts, choquer tout l'esprit national. Qu'est-ce que cet ancien

costume, que ces anciennes mœurs militaires? La Prusse qui n'est pas loin de vous est
la perfection, elle est aussi un modèle. Per-
suadez au peuple russe, à vos officiers, à vos
courtisans de cesser d'être Russes ; présentez-
vous vous-même à vos soldats avec un costume allemand et en uniforme prussien.

Ce système admirable ne réussit pas. Je vais
alors en Angleterre. J'y trouve au milieu
d'une nation protestante très-chatouilleuse un
monarque catholique. Je lui dis : Sire, que voulez-vous faire de cette nation hérétique ? Elle
ne vous laissera jamais de repos. Mettez-vous
sous la protection du pape ; mettez autour
de vous en abondance des ultramontains et
des jésuites, vous serez adoré.

Eh bien ! ce système ne réussit pas mieux
que le précédent ; je me transporte alors à
Dresde auprès du roi de Saxe. Comment ! un
roi catholique au milieu d'un peuple luthérien et avec des ministres luthériens ! Sire,
il faut changer cet état de choses. Vos devoirs de catholique vous y obligent. Vous
n'avez reçu la puissance que pour servir la
religion. Au lieu de vos ministres luthériens,
faites-moi venir bien vite M. de M..., M. de

B..., M. de L..., pour les remplacer. Cette fois mes conseils ne sont pas suivis; et la Saxe est conservée.

Me voici de retour en France. O l'heureux pays! Que désirez-vous ? que voulez-vous? Est-ce du jésuitisme? nous en sommes pleins. Est-ce du gallicanisme? en voilà. De l'ultra-montanisme? encore mieux. Cela révolte une grande partie de la France. Elle s'y fera. Un bon nombre de royalistes, bien dévoués, bien ardens, bien bêtes, soutenus par un autre bon nombre de royalistes pleins d'esprit, de vertus et d'absurdités, réunis sur beaucoup de points, se partagent sur un seul : savoir, s'il convient d'ôter pleinement la couronne du roi de France pour la donner au pape, ou s'il ne faut pas les faire monter l'un et l'autre sur le trône, et les faire régner ensemble.

Chose merveilleuse! la révolution étant entrée dans le corps de la France, ayant d'abord détruit la tête, et ravagé ensuite tout l'intérieur de l'organisation sociale, il en est résulté comme un grand espace vacant qui a été offert aux premiers occupans. C'est d'abord le peuple en masse.

On a eu la souveraineté des sans-culottes. Ceux-ci chassés par les hommes d'armes, nous avons eu la souveraineté de l'épée. La restauration nous ayant apporté avec une certaine loi d'élection la souveraineté de la classe moyenne, une nouvelle loi d'élection survenue l'a dépostée. La vaste hiérarchie sacerdotale, qui depuis long-temps se composait et se fortifiait, est entrée alors dans ce vide et l'a rempli. Nous avons eu ainsi, avec une avant-garde de congréganistes et de jésuites, la souveraineté des prêtres.

Ici la conduite du gouvernement ne me paraît pas moins singulière, que celle de ses défenseurs. On se souvient d'un discours de M. de Boulogne prononcé à la Chambre des pairs et qui fut improuvé par cette Chambre. On pourrait croire que cette improbation fera quelque impression sur ce prélat : nullement. On pourrait croire au moins qu'elle fera impression sur le gouvernement : pas davantage. Peu de jours sont à peine écoulés qu'on voit dans le Moniteur ce même prélat accueilli par le monarque, lui présenter hardiment en hommage ce même discours que la Chambre des pairs a repoussé.

Il en est de même à l'égard d'une certaine lettre de Rome de M. le Cardinal archevêque de Toulouse, dont le conseil d'Etat ordonne la suppression. Au bout de quelques jours le Moniteur nous annonce avec un ton de faveur les moindres déplacemens de son éminence. Bientôt cette même éminence publie une lettre dans laquelle elle proclame sa désobéissance au roi et à son ministre. La publication est poursuivie aussitôt par M. le procureur du roi, et soit la lettre, soit les principes qu'elle contenait sont improuvés. D'après cela, on serait tenté de croire que le prélat relaps ou reconnaîtra ses torts, ou recevra du gouvernement quelque marque de son déplaisir : pas du tout. Quelques mois sont à peine écoulés, que le Moniteur nous annonce, à l'occasion du sacre, que le prélat a été comblé de grâces et de faveurs.

Je citerai un autre scandale, et il a eu un grand éclat, c'est celui de M. l'Archevêque de Rouen qui s'imagine un jour d'imposer à son diocèse un ensemble de règles empruntées du neuvième ou du dixième siècle. On croit peut-être à ce sujet que le gouvernement montrera quelque mécontentement :

pas du tout. C'est dans ce moment même, et au milieu de tout ce vacarme, que le ministre chargé particulièrement de la surveillance dans cette partie, monte à la tribune de la Chambre des députés pour faire parade de tous les droits des évêques, et notamment du droit de faire des lois et des réglemens de discipline à leur volonté.

Tandis que de tous côtés des flots de scandale s'accumulent, c'est ainsi que le gouvernement qui d'un côté fait semblant de les repousser, paraît au contraire les favoriser. Avec son système temporisateur, il semble ne mettre à la frénésie du moment que l'espèce d'obstacle qui est nécessaire pour en assurer le succès.

Cette politique ne s'est développée sur aucun point avec autant d'habileté que dans l'érection pompeusement annoncée des *hautes études*.

A cet égard voici ce qui a été généralement remarqué.

1°. Il y avait un an que M. Frayssinous était établi ministre des affaires ecclésiastiques qu'il n'avait encore rien fait relativement à l'enseignement des quatre articles de 1682 et cependant il ne pouvait ignorer que les ministres de l'intérieur , qui l'avaient précédé dans ses nouvelles fonctions , s'en étaient constamment, quoique faiblement acquittés.

2°. Après l'annonce de l'établissement des hautes études, rien n'était encore positivement déclaré à cet égard, même dans le décret qui en devait faire le principal objet.

3°. L'ordonnance, en nommant les membres de la commission chargée de rédiger les statuts et réglemens, ne disait encore rien sur le maintien des anciennes doctrines, et même cinq mois après, on ne savait à quoi s'en tenir sur cet objet, tandis qu'on voyait l'ultramontanisme accroître sans cesse ses forces.

4°. Enfin dans ces derniers temps à la suite du jugement des Cours royales, il apparut une circulaire sans date de M. d'Hermopolis. Cette fois c'est la Sorbonne qui va reparaître; le Moniteur lui-même a osé prononcer son nom.

A ce sujet il y a quelques remarques à faire.

En ce qui me concerne, si j'avais été pour quelque chose dans les conseils qui ont préparé le retour de cet ancien établissement, je déclare que je m'y serais opposé de toutes mes forces. C'est, suivant moi, la pensée la plus malheureuse que d'avoir imaginé le rétablissement d'études théologiques, à l'effet de jeter dans la société une troupe de spadassins scholastiques, qui la rempliront de nouvelles dissensions : nous en avons déjà assez. On devrait s'efforcer d'étouffer les querelles religieuses ; on cherche à les exciter.

D'un autre côté, quel avantage peut nous offrir la nouvelle Sorbonne ultramontaine qu'on nous prépare, quand on sait qu'avec les bons jésuites d'autrefois, on était parvenu à la corrompre et à la subjuguer ? Nous avons vu qu'en 1663, *la Faculté de théologie occupée par une cabale puissante de moines et de quelques séculiers liés avec eux, avait eu de la peine à se démêler de ces liens,* et qu'il avait fallu toute la force et tout le zèle royaliste du parlement pour la dégager ; personne n'ignore que, par l'effet de ces intrigues, cette même Sorbonne si pure dans d'autres temps, et si fidèle, osa, le 7 janvier 1589, six mois avant l'assassinat de Henri III, auquel devait succéder Henri IV, déclarer qu'un *prince hérétique est incapable de ré-gner*. Personne n'ignore que les jésuites, s'attribuant cet exploit, disaient des docteurs de ce temps : *quorum magna pars discipuli nostri fuere.* Si les jeunes ecclésiastiques, avec lesquels M. Frayssinous prétend élever sa nouvelle Sorbonne, continuent à être instruits dans de semblables principes, différeront-ils beaucoup de la *magna pars* des sorbonnistes de 1589? Dans ce cas, qu'avons-nous besoin d'une semblable Sorbonne?

Il est connu que naguère le principal professeur de la Faculté de théologie de Paris y faisait soutenir des thèses, où il préconisait Grégoire VII et Pie V. En même temps qu'on fait soutenir des thèses où les efforts de Grégoire VII pour détrôner l'empereur Henri IV sont présentés comme un des principaux titres à sa canonisation, s'il se trouve que les docteurs de la même trempe, qui entourent M. l'Archevêque de Paris, ont osé introduire, dans le nouveau Bréviaire, un office solennel en l'honneur du pape auteur de la bulle *in cœná Domini*, que faut-il penser de M. d'Hermopolis et de sa Sorbonne?

Enfin quand on sait que ces mêmes jésuites

qui sont dans toute la France un objet de dé-
solation, y jettent partout des établissemens
sous la protection même de M. d'Hermopolis,
quelles espérances peuvent offrir, dans cet
ensemble de circonstances, à un bon Français
et le prétendu gallicanisme de M. d'Hermopolis, et son pompeux établissement des hautes études, et sa prétendue résurrection de la
Sorbonne ?

On sait d'avance le but auquel on veut arriver, c'est de ranger parmi les simples opinions la doctrine de l'indépendance royale;
et alors *in dubiis libertas.* Quelques personnes espèrent que par un esprit de convenance, on ira, dans quelques écoles, jusqu'à l'enseignement de cette opinion; déjà
on commence à préparer les jeunes gallicans
à cette modification. On leur parle, au sujet
des quatre articles de 1682, du génie, de
l'autorité de Bossuet, jamais de preuves de
l'Ecriture-Sainte et de la tradition dont cette
déclaration s'est appuyée. Certes je ne regarde pas comme nécessaire que l'indépendance du roi de France soit classée parmi les
articles de foi, il me suffit que ce soit un article de fidélité et de vérité. Je veux croire

que ce n'est pas un article de foi religieuse,
que la France soit un gouvernement monar-
chique, et que Charles X soit descendant de
Louis XIII et de Louis XIV; c'est pour tous
les Français un article de foi politique; et
j'espère malgré toutes les subtilités théologiques qu'on nous prépare, que l'indépendance des rois de France à l'égard du
pape ne sera pas moins rigoureusement consacrée.

CHAPITRE IV.

DANGERS RÉSULTANT DE L'ESPRIT D'ENVAHISSEMENT DES PRÊTRES.

J'ai cité précédemment deux ordonnances des rois de Sardaigne et de Naples, relatives aux pratiques religieuses que doivent observer les élèves de leurs colléges. Je ne doute pas que ces ordonnances, aussitôt qu'elles ont paru, n'aient eu en France l'assentiment de nos évêques, de nos jésuites, de nos congréganistes. Si les lignes que je trace ici parviennent à ces majestés, mon devoir est de leur dire qu'en croyant faire quelque chose d'avantageux à la religion, elles ne pouvaient rien faire qui lui fût plus préjudiciable. Je dois leur dire que ces deux décrets feront, parmi les jeunes gens, dans leurs États, plus d'impies et de mauvais sujets, que toute la colonie d'encyclopédistes et d'athées que le dix-huitième siècle aurait pu leur envoyer.

Au surplus cette intervention royale n'est autre chose que l'accomplissement des vœux de Bossuet. Certainement je ne suis pas ultramontain ; mais je dois le dire , j'aimerais beaucoup mieux l'être à la manière de Fénélon, dont j'ai vu avec tristesse les décisions à cet égard, dans ses dissertations latines récemment publiées , que de me trouver gallican à la manière de Bossuet. O déplorable abus des choses saintes, qui fait que pour défendre l'autorité royale contre les prétentions ultramontaines, on cherche à corrompre un auditoire d'évêques, par l'espérance qu'on leur donne de retenir dans leurs mains la suprématie qu'ils arracheront au pape !

J'ai déjà cité les maximes de Bossuet , je les citerai encore, parce que prononcées nuement et crûment dans une assemblée d'évêques, qu'ils voulaient amener aux désirs de Louis XIV, ce sont entre eux des prémisses convenues, dont il me reste à montrer les conséquences.

1°. L'Église, nous dit Bossuet, a appris d'en haut à se servir des rois et des empereurs pour faire mieux servir Dieu, pour élargir les voies du ciel........

2°. Un empereur roi disait aux évêques : Je veux que *secondés et servis* par notre puissance, *famulante ut decet potestate nostrá*, vous puissiez exécuter ce que votre autorité vous demande.

3°. « Un saint empereur disait à un saint
» pape : J'ai dans les mains l'épée de Constan-
» tin, vous avez celle de Pierre. Joignons les
» mains, unissons le glaive au glaive. (*Ego*
» *Constantini, vos Petri gladium habemus*
» *in manibus. Jungamus dexteras, gladium*
» *gladio copulemus.*) Que ceux, s'écrie-
» t-il alors, qui n'ont pas la foi assez vive,
» pour craindre les coups invisibles de
» votre glaive spirituel, tremblent à la
» vue du glaive royal ! Ne craignez rien,
» saints évêques. Si les hommes sont assez
» rebelles pour ne pas croire à vos paroles
» qui sont celles de Jésus-Christ, des châ-
» timens rigoureux leur en feront, *malgré*
» *qu'ils en aient,* sentir la force ; et la puis-
» sance royale ne vous manquera pas. »

Il m'a paru indispensable de montrer, d'après cette doctrine, quelle est, dans le système même des libertés de l'Eglise gallicane, la destinée qui est promise à la France sous l'autorité ecclésiastique, telle qu'elle est entendue aujourd'hui. Ce discours, observe M. Frayssinous, a d'autant plus d'autorité que l'assemblée générale devant laquelle il fut prononcé, l'a comme sanctionné, en l'appelant pieux, savant, éloquent, dans sa lettre aux évêques de France, pour leur donner connaissance de ses opérations.

Selon nos traditions chrétiennes, deux grandes époques ont signalé le commencement des choses : la corruption de la chair qui a produit le déluge, la corruption de l'esprit qui a produit l'enfer. Par la corruption de la chair, la luxure est entrée dans le monde; par la corruption de l'esprit, l'orgueil.

Pour l'homme du monde emporté vers les choses terrestres, le grand écueil, ce sont les faiblesses de la chair; pour le prêtre qui a dompté la chair, la grande tentation c'est l'orgueil.

Dans l'antiquité payenne, si je cherche l'impression qu'y fait le désir de la domination, j'apprends d'elle que tout est permis pour régner. Pour le reste, dit-elle, vous pouvez cultiver la vertu, *cæteris virtutem colas*. Si j'interroge les temps modernes, j'apprends d'un ultramontain même, le célèbre comte de Maistre, que *la rage de la domination est innée dans le cœur de l'homme*. C'est là, comme je le montrerai bientôt, le principe de deux sentimens de haine et de respect qu'on porte diversement au prêtre, selon qu'on aperçoit en lui ce zèle débonnaire et divin, suggestion de l'esprit de Dieu, et qui compose en lui un beau fanatisme d'amour, ou cet autre sentiment, suggestion de Satan, qui constitue en lui l'horrible fanatisme d'orgueil.

Certes il n'est pas toujours facile de démêler dans les mêmes individus des sentimens dont les nuances d'une nature opposée se touchent quelquefois, se mêlent, se confondent ; mais dès qu'elles sont aperçues, elles excitent dans nos cœurs, selon leur nature, l'impression qui leur appartient. Ici le prêtre est un objet d'amour et de respect ; là, un objet d'aversion et de haine. Partout où le prêtre se présente avec cet esprit de charité qui compose son premier caractère, il trouve accueil et accès : l'amour attire l'amour. Partout où il se présente avec l'épée de Constantin, ou avec le glaive de Pierre, il est repoussé.

Il peut arriver aussi, selon la prédiction de Dieu même, que le prêtre qui a employé le glaive, périsse par le glaive.

Avec moins de courage, lorsque se méfiant de la force, le prêtre se réfugie vers l'habileté ; lorsque n'osant franchement entrer dans la maison, il s'y ménage des intelligences, qu'il cherche à gagner secrètement les enfans par les parens, les parens par les enfans, le mari par la femme, la femme par le mari ; lorsqu'avec les mêmes pratiques il cherchera à entrer dans l'ordre civil et politique, qu'on le verra s'efforcer de gagner le citoyen par le magistrat, le magistrat par le citoyen, le monarque par le courtisan, le courtisan par le monarque ; lorsqu'on le verra se méfiant de Dieu, invoquer à sa place les vices du monarque ou ses faiblesses, et ne pas dédaigner, s'il le faut, d'avoir recours à une courtisane, le partage du prêtre dans l'opinion du peuple sera bientôt fait.

Telle est aujourd'hui la grande conception de nos hommes d'État ; employer la religion comme moyen politique, et la politique comme moyen religieux ; faire obéir au roi par l'ordre de Dieu, faire obéir à Dieu par l'ordre du roi ; avec l'autorité du roi étendre l'autorité des prêtres, avec l'autorité des prêtres étendre l'autorité du roi : ce système qui provient du grand principe *gladium gladio copulemus*, a paru sublime. Je ne crois pas qu'il y ait pour tous les hommes, et surtout pour le peuple français, rien de plus révoltant.

Une obéissance spirituelle imposée par une autorité laïque ; une combinaison d'autorité spirituelle et temporelle pour arriver à une fin spirituelle, cet amalgame est, pour tous les hommes, antipathique ; et remarquons bien que, de même que sous un règne tyrannique, on ne peut faire exécuter l'absurdité que par la terreur, ainsi qu'on l'a vu sous Néron, sous Caligula, sous Robespierre, ce n'est de même que par la terreur qu'on peut faire exécuter le système politico-sacerdotal qui est en faveur.

Je ne doute pas que les Bossuet d'aujourd'hui ne fussent satisfaits de pouvoir dire à nos prélats : « Ne craignez rien, saints évêques ;

» si les hommes sont assez rebelles pour ne
» pas croire à vos paroles qui sont celles de
» Jésus-Christ, des châtimens rigoureux leur
» en feront, malgré qu'ils en aient, sentir la
» force. » C'est ainsi qu'en attendant les
supplices d'une autre vie, les échafauds du
prêtre viendraient se joindre aux échafauds
du magistrat ; conséquence inévitable qu'ont
subie l'Espagne, le Portugal et l'Italie, où
l'on a vu les moines de l'Inquisition partager avec les magistrats civils les droits de la
souveraineté, et où, quoi qu'on fasse, on les
reverra encore, si le système abominable
dont je viens de parler s'y rétablit et s'y
conserve.

Dans tous les temps, la France a résisté
non pas à l'amalgame odieux des deux autorités spirituelles et temporelles, mais au
moins à ses effets. Nous avons eu beaucoup de honte ; nous n'avons pas eu encore
celle d'un tribunal de l'Inquisition. Il est à
croire que la Charte et notre système constitutionnel, désespoir d'une certaine classe
d'hommes, continueront de nous en préserver. S'ils ne le pouvaient pas, je puis dire
encore qu'en y mettant toute l'habileté ima-

ginable, on n'aurait pas encore tout le succès qu'on attend. Sous le rapport de la religion on n'obtiendrait qu'une obéissance
hypocrite, toujours voisine de l'impiété;
sous le rapport de l'autorité, on obtiendrait
une autre obéissance hypocrite, toujours
voisine de la révolte. Avec ces deux obéis-
sances on obtiendrait sans doute celle du
clergé. Ce serait encore une autre hypocrisie avec laquelle il marcherait à la domination. S'il est vrai, comme nous l'assure
M. de Maistre, *que la rage de la domination soit innée dans l'homme, et que la rage
de la faire sentir ne soit pas moins naturelle*, quelle garantie se trouvera-t-il pour
le gouvernement envers la puissance du
prêtre, lorsque, suivant le système d'aujourd'hui, au lieu de prendre des précautions contre cette rage, il s'empresse de
lui donner l'essor?

Au moment présent je ne doute pas que
toutes les intentions ne soient pures. Le
gouvernement est sous le charme d'une idée
religieuse qui lui présente d'avance les Français comme un peuple de saints, et la France
comme un paradis anticipé. De leur côté,

les prêtres sont sous le charme d'une domination religieuse, au moyen de laquelle,
bon gré mal gré, ils vont changer la cité
mondaine en cité de Dieu. Ils avancent ainsi
pieusement sur un terrain dont ils cherchent à se rendre les maîtres, sans s'occuper, pas plus que le gouvernement, des
conséquences funestes que ni les uns ni les autres n'aperçoivent. M. Frayssinous a eu beau
nous dire à la tribune que toutes les puissances sont naturellement portées à l'envahissement, que la puissance du prêtre est
susceptible de cette tendance comme toute
autre ; le gouvernement, qui entend ces paroles, et qui apparemment ne les comprend
pas, emploie toute sa puissance à étendre la
puissance du prêtre, au lieu de la contenir.

J'entends dire par des royalistes de beaucoup d'esprit : Il faut que le gouvernement
se fasse jésuite, afin que les jésuites ne se
fassent pas gouvernement. J'ai entendu dire
de même dans l'assemblée qu'on appelle
constituante : Il faut que le roi se fasse
constitutionnel, à l'effet de gouverner la
constitution. On a dit bientôt dans le même
sens : Il faut qu'il se fasse révolutionnaire,

et on le coiffa du bonnet rouge. On plaça de même sur la tête de l'un de nos rois le chaperon de la Ligue. On sait ce que tout cela a amené. On veut créer une puissance pour s'en faire un instrument. Cette puissance, elle, ne veut pas demeurer instrument : à cet égard, moins la puissance du clergé qu'aucune autre, puisque, comme l'a dit encore M. Frayssinous, elle ne la tient pas du roi, mais d'elle-même.

Ce n'est pas tout : on connaît l'existence frêle et viagère des princes et des ministres. Avec une telle existence, comment pense-t-on qu'ils pourront lutter contre une puissance qui ne naît ni ne meurt, qui, par sa nature, ne montre aucune vicissitude, *gens æterna in quâ nemo nascitur;* contre une puissance qui s'accroît sans cesse, qui, dans ses relations, embrasse le monde entier, qui, comme peuple particulier, a sa milice particulière, et avec cette milice un général et un souverain éloigné, avec lequel elle décide quand et comment elle doit obéir au souverain qui est auprès d'elle? C'est une folie.

Je ne parle pas encore ici du peuple dévot. J'aurai bientôt à signaler ce qu'il y a pour une nation de beau et de dangereux dans le caractère de ce peuple; je veux parler ici du peuple chrétien: celui-là, qui, comme je le montrerai, est d'une nature différente, et qui compose la plus grande partie de la France, est révolté de l'envahissement et des prétentions des prêtres.

L'Europe protestante partage ces dispositions. Je sais, par les rapports que j'ai eus avec un grand nombre d'individus de cette communion, que ce ne sont point les dogmes du catholicisme qui les éloignent, encore moins la sévérité de sa morale: c'est l'esprit de domination que montrent toujours et partout les prêtres catholiques.

C'est ce qui a paru d'une manière manifeste en Angleterre dans la fameuse question de l'émancipation des catholiques. M. l'évêque de Chester nous dit : « Ce ne sont point les doctrines théologi- » ques et morales du catholicisme qui me » répugnent, ce sont les doctrines de l'É- » glise romaine sur le pouvoir ecclésiastique » qui m'épouvantent. »

Le comte de Liverpool nous dit : « Ce

» n'est pas contre les doctrines de la trans-
» substantiation et du purgatoire que je
» m'élève, mais contre l'influence des prê-
» tres sur toutes les relations de la vie pri-
» vée. » D'après ce ministre, si les catholiques n'obtiennent pas ce qu'ils demandent
la faute n'en est pas au protestantisme ni à
l'Angleterre ; « la faute en est à eux-mêmes
» à la conduite du clergé qui ne cesse d'ex-
» citer des défiances ; à leur doctrine, enfin
» sur le pouvoir ecclésiastique qui provoque
» l'oppression des autres communions, e
» qui nous ont valu cent soixante ans de
» guerres civiles. »

Voilà le vrai. En Angleterre, en Allemagne, en France, ce ne sont ni les dogmes
ni les préceptes qui effraient les nations
partout le grand obstacle à notre religion
ce sont nos prêtres. Amalgamée avec l'autorité civile, leur autorité est odieuse ; séparée
de l'autorité civile, comme elle devient rivale, elle est embarrassante ; on ne sait ni
comment la réprimer, ni comment la favoriser ; on ne sait comment vivre avec elle.

Anciennement, je veux dire sous l'ancien
régime, on avait assez de peine à se défen-

dre de prêtres ; cependant on avait contre eux tout l'avantage du pouvoir absolu. On envoyait M. l'Archevêque de Paris à la Trappe ou à Conflans ; on envoyait de même un cardinal, fût-il grand aumonier, à la Bastille ou dans un séminaire. Aujourd'hui, où règne un système de liberté, ce système, encore qu'il leur soit odieux, leur sert à faire ce qu'il leur plaît. Si cela convient, à la bonne heure ; si on ne le trouve pas bon, c'est tout de même ; ils vous opposent, selon leur choix, partiellement ou tout à la fois, le pouvoir de Dieu et celui de la Charte, l'autorité du pape et celle du régime constitutionnel : en même temps qu'ils ameutent les nouvelles lois, ils ameutent aussi les anciennes. De cette manière, d'en-haut, d'en-bas, à côté, s'élève un mouvement renforcé de jésuites et de congréganistes qui, se présentant au peuple comme ayant la faveur même du roi, aliène ainsi le respect et l'affection publique, et prépare d'avance dans un Etat encore mal organisé des prétextes à la révolte.

TROISIÈME PARTIE.

PLAN DE DÉFENSE DU SYSTÈME ET SA RÉFUTATION.

Il s'en faut de beaucoup que les auteurs du système que j'accuse voient dans les calamités que j'ai signalées de véritables calamités. Les écueils leur paraissent un port ; les dangers, un moyen de salut. Ils ne nient point la réalité de leur trame, ils s'en glorifient ; la religion, la société, le trône, qu'ils renversent, ils croient les consolider : c'est comme religieux, comme royalistes, comme citoyens, qu'ils conspirent à détruire tout ce qui peut être cher à un homme religieux, à un royaliste, à un citoyen.

En même temps, si leur intention est pure, leur plan de défense est habile. Ils vous demandent de considérer en quel état se trouvent en ce moment la société, la religion, le roi? « La société, vous disent-ils, a été détruite par la révolution, la religion par l'impiété. Cela suffit pour donner une idée de la situation du roi. Quelle autorité que celle qui, sapée de tous côtés par les doctrines et par les exemples, est encore et encore admise par les uns comme une convenance, tolérée par d'autres comme une nécessité; une telle autorité, ayant perdu tous ses supports, va tomber au moindre souffle, si notre zèle ne parvient à l'appuyer. »

« Et d'abord, selon vous, la société ayant été ravagée, et selon les libéraux eux-mêmes son intérieur étant à vide, est-ce l'ancienne noblesse que nous irons chercher pour le remplir, les parlemens pour le diriger? La noblesse n'est plus qu'une ombre, et comme ombre vous l'avez évoquée dans vos ouvrages; elle n'a pas paru. Les parlemens évoqués ne paraîtraient pas davantage. Dans cette absence de toute chose, au milieu de ce désert social, nous trouvons à côté de nous une puissance toute faite, en possession des vertus, en possession des respects. Sans doute cette puissance ne tire pas sa force du roi qui est peu, de la société qui n'est rien : elle la tire de Dieu qui est tout. Cette puissance qui a ses moralités établies, ses doctrines fixées ; qui a ses rangs, ses cadres, sa hiérarchie toute composée ; cette puissance qui, étant toute faite, pourrait si bien refaire la société : vous la repoussez ! »

« Dans les classes inférieures, toujours grossières, quelquefois féroces, si difficiles par-là même à régir, est-ce avec les anciennes corporations que vous prétendez les gouverner ? Est-ce l'ancienne bourgeoisie que vous prétendez ressusciter ? Aussi impossible qu'un corps de noblesse. Des supériorités de ce genre prises dans les rapports d'homme à homme, quand elles sont anciennes, reconnues par les lois, consacrées par les mœurs, sanctifiées par une sorte de superstition, peuvent, tant qu'elles existent, se conserver long-temps. Quand elles n'existent plus, on ne les refait pas ; les vanités qui les ont abattues sont là sans cesse pour les empêcher de se reproduire. Les désordres que vous nous accusez de soulever, avec nos congrégations, nos jésuites, nos prêtres, c'est au contraire nous qui, avec nos institutions religieuses, les prévenons, en même temps qu'avec nos gendarmes, nous les réprimons. »

J'espère n'avoir point affaibli le plaidoyer du système qui est en cause : je vais le reprendre dans toutes ses parties.

CHAPITRE PREMIER.

DE LA CONSTITUTION ACTUELLE DE LA SOCIÉTÉ EN FRANCE; SI ELLE PEUT S'ACCOMMODER DES INSTITUTIONS RELI-GIEUSES, TELLES QUE LE SYSTÈME LES ENTEND.

Qu'une grande révolution soit survenue en France, que n'épargnant dans le corps social ni la tête ni les entrailles, elle y ait opéré tout-à-coup un vide immense; c'est un fait déplorable que nous avons déjà mentionné, et que tout le monde reconnaît. Le vide une fois fait, comment depuis cette époque s'est-il rempli? Aujourd'hui est-il susceptible de se remplir comme l'entendent les prôneurs du système? C'est ce qu'il convient d'examiner.

Au premier moment où la révolution a ouvert l'intérieur du corps social, j'ai dit ce qui est arrivé. La multitude s'y est précipitée avec violence. Nous avons eu le règne des sans-culottes; sous un nom plus relevé, la souveraineté du peuple.

Après quelques fluctuations, les sans-culottes ayant fait place aux hommes de guerre, nous avons eu le gouvernement militaire, ou autrement la souveraineté de l'épée.

A la suite d'autres fluctuations, nous avons eu, au moyen d'une certaine loi électorale, l'ancienne prépondérance des sans-culottes portée dans le peuple industriel, ou si l'on veut dans la classe moyenne. Enfin, par l'effet de la dernière loi électorale, la classe moyenne a perdu sa prépondérance qui est arrivée à la grande propriété.

Au moyen de ces successions de souveraineté, ou de prépondérance, le vide social intérieur que j'ai mentionné a été sans doute diversement traversé, envahi; a-t-il été réellement et solidement occupé? L'est-il en ce moment-ci? Pas du tout : et à quoi cela tient-il? C'est qu'à toutes les époques, les convulsions de la France ont eu lieu, non dans un sens de gouvernement, mais seulement de domination. On ne s'est pas emparé de la chose publique pour la faire pro-

fiter, mais seulement pour en jouir. Tout
entier dans l'ordre politique, le lieu de la
scène n'a jamais été dans l'ordre civil. La
restauration dans ses phases ne s'en est pas
plus occupée que la révolution dans les sien-
nes. La Charte a composé comme elle a su une
transaction entre les intérêts émanés de la
révolution et ceux de l'ancien régime ; elle
a réglé aussi du mieux qu'elle a pu les mouvemens des grands corps politiques ; du
reste, comme elle n'a rien fait pour la constitution civile, l'intérieur de l'Etat diversement ravagé, diversément traversé, a continué de demeurer à vide.

Cependant, au milieu de ce vide formé
par la révolution, et ne pouvant jamais se
remplir, que fera-t-on d'une multitude de
choses intérieures qui s'y trouvent comme
pêle-mêle : population singulière, et quelquefois très-active d'un chaos sans règle et
sans discipline. Quand les horlogers composent une montre, ils ont soin d'en composer
le mécanisme intérieur, de manière qu'avec
très-peu de soin, elle remplit d'elle-même
son office. Soit pendant la révolution, soit
pendant l'empire, soit pendant la restaura-

tion, les puissances, qui, sous diverses formes, ont occupé la domination politique
n'ont pu faire aller un régime civil, qui
n'avait ni mécanisme ni ressort, qu'en y
tenant continuellement la main. C'est ce
qu'on a appelé CENTRALISATION.

Quelques personnes regardent la centralisation comme un fléau, je suis de leur avis;
d'autres la regardent aujourd'hui comme
une nécessité, je suis encore de leur avis.

En vérité, ce serait une chose bien com-
mode, si les fruits venaient à nous tomber
tout-à-coup du ciel sans la peine de les
produire. La Providence n'a point imité
notre système de centralisation; elle a insti-
tué des causes secondes pour régir les petites choses de son administration ; elle a
confié à l'homme lui-même le soin de sa
subsistance. Le travail compose par-là dans
les sociétés une des premières conditions des
dernières classes.

Cependant, ce n'est pas tout que le travail; le village a besoin d'une horloge, d'une
fontaine, d'une école; l'église et son presby-
tère ont besoin de réparation. Ici il faut refaire des routes dégradées et qui ne peu-

vent plus servir à l'exploitation des champs;
là c'est un pont qui est devenu nécessaire
pour passer plus commodément le torrent.
Enfin voilà de nouveaux procédés d'agri-
culture, ou de manufacture : que faut-il
penser de ces procédés ? Sont-ils d'une application utile au pays; ou ne sont-ce que
de futiles théories ?

Pour régler ces difficultés, n'allez pas vous
adresser aux classes ouvrières; elles n'ont à
vous donner sur cela ni leur temps ni leurs
pensées. Tout appartient aux soins de leur
subsistance. N'allez pas non plus vous adresser au chef de l'Etat; ces objets sont trop
petits pour qu'il les aperçoive ; sa main est
trop large pour les manier. Dans notre état
actuel, vous vous adresseriez avec aussi peu
de fruit à des hommes de la classe intermé-
diaire ; là, le temps , les lumières ne manquent pas, mais des intérêts purement lo-
caux , c'est ce dont personne ne veut s'occuper. Si vous entrez aujourd'hui chez un
notaire de village , ce monsieur vous parle
de l'Espagne ou de la Grèce, des dissensions
du ministère ou du parti de l'opposition.
Il ne vous parlera pas des intérêts de sa

commune ou de ceux de son arrondissement : tout cela est trop petit pour sa pensée.

Au milieu de ce déni général d'intérêt qui, si on le mettait en action, ne manquerait pas d'être suivi d'un déni général de justice, il a bien fallu que le gouvernement envoyât partout des maires, des préfets, des sous-préfets, des conseils-généraux. Quel bonheur ! Il ne faut pour cela ni assemblée, ni élection, ni aucun mouvement d'esprit public. Ces préposés nous arrivent d'en haut tout faits, comme les météores du ciel.

Il ne faut rien outrer. Ces commis du gouvernement vont sans doute du mieux qu'ils peuvent ; quelques-uns même opèrent assez bien sur cette matière morte. Cependant, comme à côté de l'apathie civile la Charte a établi un ordre politique remuant et agissant, la vie de l'État qui abandonne les entrailles se porte à la tête ; et alors gare au gouvernement de quelque manière qu'il fasse ! au ministère, de quelque manière qu'il soit composé !

Sous Bonaparte, ces difficultés n'existaient pas ; il avait pour corps législatif une assemblée de muets, et pour sénat, des marionnettes ; du reste, tout était régi et comprimé par une main de fer. Aujourd'hui une grande activité pour mettre d'en haut tout en mouvement et en désordre, répond à une grande inertie au centre pour ne rien fructifier et ne rien empêcher. L'amour de l'argent a beau alors multiplier les canaux, l'amour du plaisir multiplier les fêtes ; un malaise général répand partout le mécontentement et le murmure.

Nous savons tous que Dieu est l'auteur de tout bien, et que nous devons lui rendre des hommages ; cependant telle est notre misérable nature, que nous avons besoin de quelque signe sensible pour exciter notre attention et notre culte. Dans les maux publics nous montrons la même faiblesse. Ce n'est pas tout de gémir et de déplorer : nous aimons à avoir devant nous quelque chose à laquelle nous puissions envoyer à notre aise nos malédictions. On connaît les superstitions de l'amour. Les accusations qu'on porte aujourd'hui au ministère m'apprennent que la haine peut avoir aussi son idolâtrie.

Avec cet état de société, tel que je l'aperçois, et cet état de gouvernement, tel que je le vois, je ne doute pas que Dieu le père ne pût encore gouverner la France; celui qui a créé les mondes n'a qu'à parler, et tout ira; mais s'il n'a qu'un ange à nous envoyer, cet ange peut se dispenser de quitter la demeure céleste : il ne ferait rien de nous.

Dans cette position, des jésuites, des missionnaires, des frères qui sans doute sont de très-braves gens, mais qui pourtant ne sont pas des anges, ont cru devoir venir à notre secours. Leur zèle n'a pas attendu qu'on les appelât : aussitôt que la porte a été ouverte, ils sont entrés en foule.

Certes je puis le dire hardiment, la France ne s'y attendait pas. Aussitôt que la gent libérale, très-contente d'avoir retrouvé dans la prépondérance de la petite propriété quelque chose de l'ancienne souveraineté du peuple, a vu, au moyen de la nouvelle loi électorale, cette prépondérance lui échapper, elle s'est mise à crier que l'ancien régime allait revenir, qu'il était revenu. A sa voix, qui a retenti dans toute la France, on a regardé de tous côtés. Quelle surprise ! Au lieu de la Bastille, on a aperçu Montrouge au lieu de la chevalerie, on a trouvé des moines; au lieu de la noblesse, la congrégation. Tout cela nous est advenu comme une fantasmagorie. Il a fallu plus de deux ans pour y croire. Les jésuites remplissaient la France; on ne les y savait pas. Les congréganistes occupaient toutes les positions; on ne les voyait pas. Aujourd'hui encore une partie de la France est en doute.

Dans tout autre temps que celui-ci, il ne faudrait pas beaucoup de force d'esprit pour apercevoir que des institutions de ce genre, habillées en institutions civiles, ne peuvent en faire l'office. C'est bon pour le huitième siècle, ou pour le Paraguai. Des choses civiles veulent être gouvernées par des pouvoirs qui sortent de leur nature, c'est-à-dire par des pouvoirs civils; elles ne peuvent l'être par des institutions appartenant à la vie monastique ou à la vie dévote. La première question n'est pas de savoir si l'ancienne noblesse, si l'ancienne bourgeoisie, les anciennes corporations, les anciennes classes peuvent se reprendre et se refaire : c'était peut-être de mauvaises institutions civiles; il s'agit seulement de savoir si des institutions religieuses peuvent en tenir lieu ; si, appliquées aux choses civiles pour lesquelles elles ont peu d'aptitude, telles que les arts, la guerre, le commerce, les manufactures, elles n'altéreront pas par cela même leur caractère religieux en même temps qu'elles manqueront leur objet civil.

Ce n'est pas le seul mal qui peut être reproché à ces institutions : en même temps qu'elles ne font pas, elles empêchent de faire. Elles détournent partout les intérêts et les espérances. En occupant à faux des places qui ne leur appartiennent pas, elles éloignent par ce fait même les institutions à qui ces places appartiennent.

Je viens actuellement à la noblesse, à l'illustration, au rang, aux classes, dont l'absence alléguée sert de prétexte à un remplacement grotesque de jésuites et de congréganistes. Il me semble que ce qui existe, à cet égard, de défectuosité, et les obstacles qu'on suppose, sont moins graves qu'on ne croit. Nous n'avons pas sans doute les juges d'autrefois, les nobles d'autrefois ; nous n'avons pas même les prêtres d'autrefois. Nous avons pourtant des juges, des nobles et des prêtres; nous avons de même des rangs, des corporations et des classes. Tout cela peut exister d'une manière irrégulière et mal entendue. Mais cela existe. Si la révolution avait jugé à propos de supprimer les notaires, les médecins, les pharmaciens, comme elle supprimait autre chose, ces offices se seraient bientôt rétablis en fait, ne l'étant pas en droit. Il en est de même de la noblesse. On aura beau l'avoir supprimée en droit; tant qu'il y aura en France des choses et des personnes nobles, elle se conservera en fait. Est-ce l'hérédité qui s'effacera? Mais si vous conservez au fils l'hérédité des biens de son père, comment ferez-vous pour mettre la noblesse à part de ces biens? Vous ne le pouvez pas. Ce qui se passe, en ce moment, dans le parti libéral, par rapport aux enfans de M. le général Foy, est une preuve que l'hérédité de la noblesse est reconnue comme la plus sacrée de toutes les hérédités. Ce sentiment existe; quoi qu'on fasse, il existera toujours. Il s'agit seulement d'examiner si, en ce genre, l'anarchie vaut mieux que l'ordre; le vague, que le précis : c'est toute la question.

Après cela, je ne disconviens pas que les vanités plébéiennes, toujours si faciles à se hérisser, et qui, à raison des niveaux long-temps établis par la révolution, pensent avoir acquis une sorte de possessoire, pourront offrir à un législateur des difficultés ; s'il ne veut être que raisonnable et juste, elles seront faciles à surmonter. La veille de l'institution de la légion d'honneur, il semblait que la révolution entière allait éclater ; le lendemain les principaux révolutionnaires en portaient la décoration, et s'en accommodaient très-bien. La veille de la dernière loi électorale, il semblait que tout Paris allait être en feu. Aujourd'hui tout le monde est calme. C'est que, placé dans un jour plus favorable, on s'est aperçu, par rapport à la légion d'honneur, que le gouvernement était dans le vrai, et que les obstacles qu'on opposait provenaient d'une irritation de jalousie et de vanité ; par rapport à la nouvelle loi d'élection, on s'est aperçu de même que la grande propriété, qui a plus d'importance, a droit, par là-même, à plus de prépondérance.

Cependant n'y a-t-il dans l'intérieur du

corps social que des illustrations, des rangs et des classes à régler? N'y a-t-il pas aussi des rapports civils et moraux? La révolution qui avait détruit la noblesse, n'avait-elle pas détruit aussi la paternité, le mariage, et, par là-même, les rapports des époux, ceux des pères et des enfans? La révolution avait détruit la seigneurie; n'avait-elle pas détruit aussi la maison, et, par là-même, les rapports des maîtres, des serviteurs et des ouvriers? Enfin le régime des cités avait-il été plus respecté? En vertu de la nature des choses, tout cela est sans doute plus ou moins revenu; mais les existences nouvelles qui, à cet égard, se sont refaites, sont-elles tout ce qu'elles doivent être? Tout cet intérieur est-il composé comme il doit l'être? Il faut le reconnaître : la constitution civile dans un Etat est toujours la principale base de sa constitution politique. Si la première est dans l'anarchie, celle-ci, quelque bien composée qu'elle soit, y arrivera bientôt; et ce n'est pas avec des jésuites, des frères et des missionnaires qu'on l'empêchera.

CHAPITRE II.

QUE LE SYSTÈME, DANS SON PLAN, TEND A ALTÉRER LA RELIGION AU LIEU DE L'AFFERMIR.

COMME plan pour consolider notre ordre social, le système que j'accuse est une illusion. Comme plan pour consolider la religion, l'illusion est plus forte encore.

Plusieurs vues fausses entrent dans ce système : 1° porter la vie dévote dans la vie chrétienne ; les confondre sans cesse, et les proposer ainsi confuses à la vie sociale ; 2° porter dans le culte religieux, qui est un culte d'amour, un sentiment continu de terreur, pour augmenter par cette terreur l'obéissance et la rendre servile ; 3° charger la morale de rites ; donner à ces rites, autant qu'on peut, la prépondérance sur la morale ; viser par-là, non pas directement, mais d'une manière détournée, et contre le vœu de la religion, à la domination de toutes choses :

tel est l'ensemble de vues avec lesquelles LE SYSTÈME, qui se donne pour vouloir le bien de la religion, la dénature, et par-là même éloigne d'elle le respect et l'affection des peuples.

A commencer par la confusion établie entre la vie chrétienne et la vie dévote, c'est une calamité dont on peut se contenter de gémir dans l'ordre des choses de Dieu, mais qu'il faut absolument repousser dans l'ordre des choses du monde, parce qu'avec de belles apparences elle y porte le désordre.

Je ne prétends pas être théologien ; je suis un simple chrétien. En cette qualité je vais quelquefois à la messe de ma paroisse ; j'y entends les paroles suivantes :

« Peuple chrétien ! l'Église dès le temps de son établissement a choisi le dimanche pour être consacré à Dieu d'une manière particulière. »

Remarquons d'abord que le prêtre s'adresse au *peuple chrétien*, et non pas au *peuple dévot*. En effet, pour celui-ci ce n'est pas seulement le dimanche qui est consacré à Dieu d'une manière particulière, ce sont tous les jours, et autant qu'il est possible à la faiblesse humaine, tous les instans de la vie. Le peuple chrétien au contraire, à qui on prend le dimanche, c'est-à-dire la septième partie de sa vie, reçoit par-là même les six autres parties qu'il peut appliquer aux affaires temporelles.

S'ensuit-il que les six autres parties seront totalement exclues de la pensée de Dieu ? non sans doute. Toutes les familles chrétiennes ont l'usage de certaines pratiques religieuses, et notamment de la prière du matin et du soir.

D'un autre côté, parce que la vie dévote doit être entièrement à Dieu, s'ensuit-il que cette tension vers Dieu sera sans interruption ? non sans doute. Chez les Chartreux, dès que le novice revenant de l'église rentre dans sa cellule, il y trouve une hache avec une bûche, qu'un frère lai lui a silencieusement et respectueusement apportée. Il sait qu'il a à la travailler et à la mettre en pièces. Ce que je veux dire, c'est que dans la vie dévote le fond de la vie est à Dieu; l'accessoire à des occupations futiles en manière de délassement. Dans la vie chrétienne, qui est la vie sociale, l'accessoire de la vie est à Dieu, le fond aux affaires et aux occupations mondaines; en cela même elle est en quelque sorte à Dieu qui a composé ainsi l'ordre ordinaire de la vie humaine.

Actuellement avec leur système que font les grands personnages que j'accuse ? En confondant la vie dévote et la vie chrétienne, qui sont essentiellement distinctes, ils les dégradent l'une par l'autre; ils désordonnent tout à la fois la religion qui, à beaucoup d'égards, a besoin de la vie dévote, et la société qui est spécialement faite pour la vie chrétienne. La vie dévote, toute angélique, emportée ridiculement dans le train des choses temporelles, s'y trouve naturellement gauche, incapable, et s'y fait ainsi mépriser; la vie chrétienne mêlée avec la vie dévote, devenant inapplicable au mouvement, à l'activité, qui dans certains temps surtout conduisent les affaires temporelles, il en résulte qu'on les abandonne l'une et l'autre. L'irréligion devient ainsi peu à peu une habitude, à la fin une nécessité.

C'est ce qui a pu être observé dans tout le mouvement religieux de ces derniers temps, et plus particulièrement à l'égard des missionnaires. Je n'ignore pas que cet objet a beaucoup de faveur. Je demande à cet égard un peu d'attention.

Au moment du concordat de 1801, si celui qui était alors à la tête des choses avait pensé à faire faire des missions pour ramener la France à la religion et aux sentimens religieux, il avait un beau prétexte, dans cet amas d'ordures que les orgies révolutionnaires avaient accumulées; il aurait ainsi, nouvel Hercule, nettoyé la France beaucoup plus sale alors que les étables d'Augias. C'est ce qu'il ne fit pas. Entouré comme il l'était de philosophes et de soldats, ce fut beaucoup pour lui d'effacer le décadi et de nous rendre le dimanche. Plus tard, lorsque sa domination fut déclarée, notre purification morale l'occupa moins que le soin de raffermir cette domination.

Après douze ans d'un système religieux qui avait commencé à se montrer sous le Directoire, et qui depuis le concordat s'était tout-à-fait établi ; système tourmenté à certains égards , mais laissé au moins quant au dogme et à la morale dans toute sa latitude, lorsque tout-à-coup la restauration s'imagina de remplir le pays de processions et de missionnaires, ce fut à mes yeux un contre-sens. Désenivrée des folies de la révolution, la France était alors beaucoup plus religieuse qu'elle ne l'avait été sous l'ancien régime, même sous les règnes jésuitiques de Louis XIII et de Louis XIV. Cependant à tort et à travers, voilà les processions en mouvement et les missionnaires en campagne.

Un premier vice de la mesure des missionnaires fut sa couleur politique, et par-là même je ne sais quelle apparence de tartuferie.

Un autre vice plus grave fut sa connivence avec un système général dont elle faisait partie. Ce système consistait à réclamer pour le clergé une dotation territoriale, à envahir l'éducation publique, à appeler tout doucement et secrètement les jésuites, en un mot, à s'emparer par la domination religieuse de toute espèce de domination.

Au milieu de ces méfaits, il ne serait pas exact de dire que les œuvres des missionnaires aient été tout-à-fait sans fruit. Il y avait en France, soit dans les villes, soit dans les campagnes, un certain nombre de vieux invalides du crime, tentés quelquefois au bien par leur conscience, et n'osant en présence de leurs camarades et de leurs curés, confesser leur vie ancienne pour reprendre une vie nouvelle; la solennité des missions, la circonstance de prêtres étrangers et passagers dont ils n'auraient bientôt plus à redouter les souvenirs, ont été en beaucoup de cas des occasions heureuses. La religion a fait ainsi quelques conquêtes; sous d'autres rapports elle a fait des pertes.

Et d'abord le sentiment religieux tient dans la conscience à des fibres si susceptibles, si délicates, qu'il faut y prendre garde quand on les touche. Je pourrais citer à cet égard beaucoup de preuves. Un prêtre ira-t-il dans les diverses maisons de sa paroisse, exhorter nominativement tel ou tel à s'acquitter de ses devoirs religieux? Peut-être exhortera-t-il le père à faire ce commandement à son fils, le maître à ses ouvriers ou à ses disciples? Il ne le fait pas lui-même, parce qu'il sait qu'il y aurait de sa part indiscrétion, importunité. On parle de liberté dans les choses civiles et politiques; c'est surtout dans les choses de la conscience que la liberté veut être immense, indéfinie. Des prêtres qui viennent dans une ville avec une rumeur extraordinaire, agiter dans un sens religieux, le mari par la femme, la femme par le mari, les voisins par les voisins, y troublent cette liberté, cette spontanéité, premier droit des consciences; ils remuent ainsi des sentimens d'importunité qui, secrètement ou publiquement, deviendront de la haine. Celui-ci vient de faire un mariage : vous lui dites de penser à la mort, il veut penser à la vie. Celui-là est tout ardent d'une entreprise nouvelle de commerce : vous voulez tourner ses pensées vers la vie éternelle, il veut les tourner vers sa manufacture. Cet autre a commis récemment un grand péché ; dans quelque temps peut-être il se repentira : en ce moment il n'y est pas disposé. Vous avez indiscrètement combattu son indifférence; vous avez provoqué sa haine : du pécheur vous avez fait un impie.

Un autre vice des missions a été d'entamer sur le dogme et sur la foi, pour le plaisir des beaux esprits missionnaires, une polémique toujours inutile, souvent dangereuse. Ces discussions font peu de chose à la piété ; elles conduisent les indifférens à des curiosités fâcheuses, les ennemis à des recherches funestes.

Enfin le grand vice des missions (et c'est là principalement que j'en voulais venir), a été de porter la vie chrétienne dans la vie dévote. J'ai observé quelques villes au moment des missions. Dès qu'elles s'annoncent, les spectacles sont interdits ; les jeûnes, les abstinences, les quatre-temps, les vigiles, l'avent, le carême rigoureusement observés ; et non-seulement les pratiques commandées, mais celles même qui appartiennent le plus particulièrement à la vie dévote sont mises en vigueur. Les prêtres appellent cela la morale. Cette morale qui a envahi l'autre, se conserve ainsi pendant le temps des missions ; elle se conserve même quelque temps après ; peu à peu cependant, et les jeûnes et les abstinences, et les quatre-temps et les vigiles, et les avents et les carêmes, et les pratiques commandées et celles qui ne le sont pas, tout cela est abandonné ; et alors, il faut le dire franchement, une ville est perdue, car la morale des rites s'évaporant avec la véritable morale qu'on a eu l'imprudence de lui associer, rien ne reste.

Dans un de mes ouvrages, j'ai remarqué comment cette manière de porter le monde dans la vie dévote avait produit nos temps d'ignorance et de barbarie. En reprenant la même marche, la conspiration qui est en scène nous mènerait, si on la laissait faire, au même résultat. On ne la laissera pas faire. Déjà la France me paraît se partager entre deux espèces de fanatisme : l'un de dévouement aux prêtres, qui porte tout à leur domination; l'autre de révolte contre eux, qui dispose tout le pays à l'impiété.

Je puis témoigner des faits qui se sont passés sous mes yeux. J'ai vu la France du temps de Bonaparte; je vois la France du temps des missionnaires. J'ai vu les colléges de l'ancien régime, j'ai vu les lycées de Bonaparte; je vois actuellement les colléges royaux. Cela ne peut se comparer; et ce qu'il y a de plus singulier en ce genre, c'est que le haut degré de corruption, loin de se trouver dans les colléges soumis à l'autorité laïque, se trouve précisément dans les petits séminaires, ainsi que dans les institutions soumises plus particulièrement aux prêtres.

CHAPITRE III.

CONTINUATION DU MÊME SUJET ; CARACTÈRE DU CHRISTIANISME.

Rois de la terre ! j'ai vu votre grandeur ; guerriers ! j'ai vu votre gloire ; Crésus du temps ! j'ai vu vos efforts pour amasser des richesses. Jeune, j'ai pu admirer ces merveilles. Arrivé aujourd'hui à cette première agonie qu'on appelle vieillesse ; désabusé de toutes les illusions de la vie, il ne me reste plus qu'une seule vérité à prononcer : AIMER EST QUELQUE CHOSE ; TOUT LE RESTE N'EST RIEN.

Cette vérité, qui s'applique particulièrement à l'homme, semble appartenir à un principe général. Partout, dans les champs, dans les eaux, dans les airs, les espèces semblables s'affectionnent et se recherchent. L'homme a besoin de l'homme pour ses plaisirs : il en a besoin encore pour ses travaux. La vieillesse n'est pas plus étrangère à cette loi que le jeune âge. L'amour prend sans doute alors une autre teinte. Au milieu d'un monde avec lequel il n'a plus d'affinité, le vieillard, repoussé de toutes parts, se réfugie vers Dieu et vers les enfans. La maladie n'a pas, à cet égard, plus d'effet que la vieillesse. Au dernier moment, où il n'y a plus de pensée, le cœur a des affections. L'esprit est éteint; le cœur bat toujours. On est mort pour toutes choses; la vue d'un objet chéri nous ranime; et le prêtre, qui approche d'une bouche mourante le signe de notre rédemption, trouve encore de l'amour sur des lèvres inanimées.

C'est ainsi qu'en tout temps, en tout sens, dans toute situation, à tout âge, cherche à s'assouvir une faim d'amour, premier besoin de la vie.

Cette disposition de l'homme lui étant naturelle, le christianisme n'a pas cherché seulement à s'en emparer; il s'y est établi « Vous aimerez Dieu de tout votre cœur » de toute votre ame, de toutes vos forces » et votre prochain comme vous-même. » Telles sont les paroles de Jésus-Christ. I ajoute : « C'est là toute ma loi. » *In his duo bus mandatis universa lex pendet et prophetæ.* Cette loi d'amour, selon saint Augustin, a tellement été recommandée par Jésus-Christ et par les apôtres, qu'avec cette seule chose vous avez tout; sans elle vous n'avez rien : *Sciant hanc ità commendatam esse à Christo et apostolis, ut si hæc una absit, inania; si hæc adsit, plena sunt omnia.* Dans un autre endroit : AIMEZ, dit-il, ET FAITES CE QUE VOUS VOUDREZ, *Dilige et fac quod vis.* Une religion d'amour et de liberté peut n'être pas le christianisme de certaines personnes : c'est certainement celui de Jésus-Christ.

Je n'ignore pas, qu'abusant de ces mots *fac quod vis,* quelques personnes pieuses se sont égarées. Au milieu de cette liberté pleine, il y a des lois à observer. C'est l'amour de Dieu, nous dit l'apôtre saint Jean, qui nous prescrit d'obéir à ses commandemens, *Hæc est charitas Dei ut mandata ejus custodiamus.* Mais comme s'il prévoyait qu'on pourra abuser de ces paroles, il ajoute aussitôt que ces commandemens ne sont pas rigoureux : *Et mandata ejus non sunt gravia.* Pour ce qui est des commandemens de l'Église, les règles qu'elle prescrit ne peuvent avoir un autre caractère. A l'exemple de *l'agneau de Dieu*, elle a été instituée pour *effacer les péchés du monde*, et non pas pour les multiplier. Au surplus, elle n'a pu s'écarter de cette doctrine : c'est celle de Dieu même. Il a dit : Mon joug est doux et ma charge est légère, *Jugum meum suave et onus meum leve.*

Le caractère du christianisme une fois précisé, j'avoue que je ne puis rien comprendre à tout ce fatras de règles, d'institutions et de moyens violens qu'on imagine pour le faire observer. Je ne puis comprendre davantage ce système d'éducation, qui nécessairement aussi *doit*, dit-on, être pris dès l'enfance, et qui nécessairement aussi doit être livré à des moines; au défaut de moines, à des prêtres. En voyant ce système se déployer, et les efforts de toutes parts se multiplier, je me demande quel peut en être l'objet; je me demande si nos femmes et nos enfans sont livrés à un culte tel que celui de Saturne et de Moloch, dont il faille les détourner; je me demande si nos mœurs sont arrivées jusqu'aux prostitutions de Babylone ou de Paphos ; si Paris représente quelque chose de cette dissolution que saint Paul nous décrit dans une de ses épîtres aux Romains ; enfin, je me demande si la religion est quelque science transcendante qui ne puisse s'acquérir, comme les mathématiques et l'astronomie, que par de longues années d'une étude continue et opiniâtre.

Rien de tout cela : *aimer* est la loi du christianisme, et de plus c'est toute la loi. Sans doute, il présente à l'amour un appareil de cérémonies qui compose le culte ; il présente aussi à la croyance un ensemble de dogmes qui compose la foi. Mais qu'est-ce que la foi si ce n'est sur certaines choses la soumission de l'esprit? qu'est-ce que le culte, si ce n'est un ensemble réglé de rites et de cérémonies? Avant que les entreprises des prêtres se fussent déclarées, qui pensait à contester la soumission dans les choses de la foi? Jamais, dans le cours d'une longue vie, j'ai moins entendu de discours impies. On dit qu'il y a parmi les jeunes gens quelques athées ; je parierais que ce sont ceux que les prêtres eux-mêmes ont pervertis. J'en puis dire autant pour le culte. Malgré tout ce que peuvent faire les prêtres pour éloigner et dégoûter les fidèles, jamais je n'ai vu les églises autant fréquentées.

Il faut expliquer pourquoi, malgré les prêtres, il y a encore de la religion en France.

J'entre dans un village. Ici j'aperçois une fontaine; là une église. A la fontaine, chacun vient à sa volonté pour les besoins de la maison; on vient de même aux bassins qui sont destinés à laver le linge et le délivrer de ses impuretés. Jusqu'à présent il n'y a eu aucune loi pour forcer les habitans à venir à tel jour, à telle ou à telle heure. Si une pareille loi existait, et si elle était accompagnée de menaces, on y viendrait encore : car l'eau est un besoin indispensable. L'accès du temple est libre comme celui de la fontaine : là est aussi une autre piscine pour d'autres immondices. Des lois sages ont prescrit à cet égard quelque règle; mais sans ces règles faites dans d'autres temps et peut-être pour d'autres temps, on peut croire que les églises seraient fréquentées de même, car Dieu aussi est un besoin pour les consciences.

Dans mes montagnes, si le chef de la maison meurt, aussitôt toute la famille se couvre de deuil. Riche ou pauvre, artisan ou laboureur, de condition humble ou de condition élevée, personne ne manque à ce devoir. Il est vrai que jusqu'à présent il n'y a à cet égard aucune loi ; mais si, à l'exemple de notre admirable Code français qui a bien voulu prescrire à un père de nourrir son fils, si une loi avait la bonté de prescrire à un fils de porter le deuil de son père ; si à cette prescription elle ajoutait la menace des échafauds ; si le prêtre y ajoutait de plus les menaces d'être brûlé vif pendant toute l'éternité, et si, pour le salut des ames, son zèle ajoutait encore un certain train d'inquisitions et de vexations domestiques, je ne puis dire si de cette manière l'ancien usage du deuil conserverait long-temps sa faveur.

Quand je considère les dispositions générales de l'homme, et en même temps les dispositions particulières de la France, ainsi que le caractère essentiel du christianisme, rien ne me paraît si facile que d'être chrétien. Cette facilité ne convient point à ceux qui, dans les voies de la vie à venir, voient un moyen de s'emparer de la vie présente. Ces voies sont alors saisies, détournées, contournées de toute manière. Ce n'est plus la vie chrétienne qu'on propose à la société, c'est la vie dévote. Cette vie, qui est toute de dévouement, étant plus élevée, plus difficile, l'intervention du prêtre y devient par-là même plus continue et plus nécessaire. A tout prix il faut chercher à effacer sur la terre la vie chrétienne, pour y substituer la vie dévote.

Ici il faut prendre garde à un nouveau danger. Encore que la vie dévote, toute différente de la vie chrétienne, me paraisse inapplicable à la vie mondaine, il ne s'ensuit pas que, même pour les hommes du monde (si elle se contient dans sa sphère), elle puisse être un objet de dédain. Ceux qui seraient disposés à cette impression doivent savoir que cette sphère n'est étrangère au monde que parce qu'elle lui est supérieure. Le chrétien n'est qu'un candidat de sainteté pour une autre vie. L'homme de la vie dévote offre le spectacle de la sainteté même sur la terre, et ce n'est pas seulement dans les âges présens du christianisme ; dans tous les temps les choses du ciel se sont conservées en possession d'être au-dessus des choses de la terre. Le même sentiment s'est manifesté à cet égard dans les religions fausses, comme dans les religions vraies ; et de-là ces grandes institutions des Thérapeutes d'Alexandrie, celle des Brachmanes , des Gymnosophistes et du Mont-Carmel, ainsi que les sectes épurées du paganisme connues sous le nom de pythagoriciens et de stoïciens.

La belle religion chrétienne , si faite pour tous les genres de perfection, ne pouvait manquer de rechercher celle de la vie dévote. Plus qu'aucune autre , elle a brillé de l'éclat de ses institutions monastiques. Les cités n'ont pas été à cet égard plus négligées que le désert. Là aussi et au milieu du tumulte du monde, on a pu reconnaître parmi les grands hommes de la vie présente des héros de l'autre vie.

L'excellence de la vie dévote au-dessus de la simple vie chrétienne, a pu être pour certaines personnes un motif, pour d'autres elle a été un prétexte. Comme dans cette sphère toute particulière, les règles, les rites, les com-

mandemens sont plus multipliés et plus austères, le ministère du prêtre y devient
d'autant plus important, que l'amour qui
multiplie les devoirs, multiplie aussi les infractions ; dans la vie chrétienne, les fautes
ne sont que des fautes ; là elles paraissent
des crimes. Par-là même le prêtre y est continuellement appelé, comme instrument
continuel et nécessaire de secours, de consolation et de réparation. J'ai lieu de croire
que ce goût d'importance, ce penchant à
l'étendre par tous les moyens, est ce qui
a porté le prêtre à embarrasser la vie
chrétienne de beaucoup de détails de la
vie dévote ; peu à peu il a été amené à les
mêler l'une à l'autre et à les confondre. Faussant alors toutes les idées, forçant tous les
rapports, il a cherché à rendre la vie dévote
applicable aux habitudes, au mouvement, au
besoin du monde. Il n'a pu y réussir. Il était
inévitable que cette nouvelle espèce de christianisme s'appliquant gauchement aux besoins de la vie mondaine, ne fût peu à peu
tournée en dérision, éludée, repoussée, et
que tombant en discrédit, elle n'entraînât
dans sa chute le christianisme lui-même.

CHAPITRE IV.

QUE LE SYSTÈME, PAR SON PLAN GÉNÉRAL, TEND A
ALTÉRER ET A DÉGRADER LE SACERDOCE ; CE QUE C'EST
QU'UN PRÊTRE.

En même temps que les grands personnages que j'accuse s'efforcent de porter la
vie mondaine dans la vie dévote, le spectacle le plus singulier est de les voir s'efforcer
de porter les prêtres dans la vie du monde.
Il n'est pas difficile de montrer le danger
d'un tel plan ; il suffit de se faire une idée
du véritable caractère du prêtre, de considérer l'origine du respect qui s'y attache, et
ensuite de l'autorité qui en provient.

Une des parties les plus nobles dans le
caractère de prêtre (et qui est particulière à
l'excellente religion catholique), c'est le cé-
libat qui lui est imposé. Je ne vois pas en
général que les hommes du monde tiennent
assez de compte de ce sacrifice. Ceux qui,

soit dans l'homme, soit dans les animaux, ont étudié avec soin les premiers développemens de l'organisation, peuvent dire à quel point toute cette nature, condamnée à la mort, et qui en a le pressentiment, met, dans les premiers momens, tout en œuvre, non-seulement pour maintenir la vie, mais plus encore peut-être pour la transmettre et la propager. Les ateliers de la reproduction se composant ainsi avec la même activité que ceux de la conservation, quand les premiers sont parvenus à toute leur force, ce n'est pas une petite affaire que de les contenir sans cesse et de les comprimer. Dans le cours de sa vie, le prêtre aura probablement à triompher de beaucoup de choses; pour s'y préparer, il faut qu'il commence à triompher de lui-même; de-là un état continu de souffrance et de combats secrets qui, se peignant sur le visage pâle de la victime, m'a fait souvent baisser les yeux d'attendrissement et de respect.

Ce n'est pas le seul sacrifice du prêtre. L'homme du monde se pare de sa compagne; il se pare aussi de ses enfans : dans les misères de la vie, c'est une consolation, c'est aussi un appui. Vos enfans, dit l'Esprit-Saint, seront comme les rejetons de l'olivier autour de votre table. (*Filii tui sicut novellæ olivarum in circuitu mensæ tuæ.*) *C'est ainsi*, ajoute-t-il, *que sera béni celui qui craint le Seigneur.* (*Ecce sic benedicetur homo qui timet Dominum.*)

Le prêtre n'a à espérer ni cette bénédiction, ni cette récompense. Privé de cette immortalité charnelle vers laquelle se porte avec vivacité la nature animale, le prêtre qui pense à une immortalité plus précieuse, et qui, pour cela, s'est voué à Dieu, se voue aussi à la prière. J'ouvre le livre qui lui a été imposé. D'après la règle qui lui a été faite, il doit prier Dieu à la première heure, ensuite à la troisième, puis à la sixième, puis encore à la neuvième; le soir c'est vêpres et complies; au lever du soleil c'est matine et laude. Une journée, coupée ainsi, laisse peu de loisir.

Par la prière, le prêtre se remplit de Dieu: cela ne suffit pas. Ici j'ai à rappeler un ordre de mystères qui forme dans la religion catholique un des premiers apanages du prêtre; c'est qu'à sa volonté Dieu descend du ciel et se transforme en nourriture. J'ai montré ailleurs comment, dès le principe des choses, une vertu divine était entrée dans la chair et avait composé l'homme; j'ai dit encore comment, dans la suite, le verbe de Dieu lui-même s'était fait chair et avait habité parmi nous. Pour complément de merveille, une chair divine vient se mêler à la chair même de l'homme. C'est ce que le prêtre exprime très-bien, lorsque, s'adressant dans le saint sacrifice de la messe au corps et au sang de Jésus-Christ, il leur demande de s'attacher à ses entrailles : *Adhœreat visceribus meis.*

Pénétré sans cesse de la substance de Dieu, le prêtre est la colonne par laquelle, d'un côté, les vœux et l'encens de la terre montent jusqu'au ciel; par laquelle, d'un autre côté, les bénédictions du ciel descendent sur la terre. Il devient ainsi le médiateur entre Dieu et l'homme.

Avec tant d'avantages, est-ce que le cœur d'un prêtre ne se remplira pas d'orgueil? au contraire, d'humilité. Plus il approche de Dieu, et plus il comprend son néant ou sa petitesse. Dans les choses spirituelles ce n'est pas ce qui s'élève qui a de la force ; c'est au contraire ce qui s'abaisse. Le germe qui aspire à la vie ne se présente pas au soleil avec arrogance ; il serait aussitôt desséché et brûlé. Mieux avisé, il se couvre de terre ; réfugié ainsi dans les ténèbres, il se produit bientôt au jour, et porte des fleurs et des fruits. De même c'est dans l'abaissement que le prêtre obtient l'élévation ; c'est dans l'obscurité qu'il parvient à la lumière. Cette loi qui nous découvre dans l'orgueil des anges et dans celui d'Adam les premiers crimes du monde, nous fait apercevoir dans l'abaissement de Jésus-Christ et de ses Apôtres le grand principe de la grandeur du christianisme. Toute la grandeur du prêtre et toute sa force sont dans l'humilité.

Pénétré de ces vérités, je n'ai pu voir qu'avec douleur dans un bref récent relatif au Jubilé, une éruption de colère et de menaces qui, en paraissant sans objet par rapport à la France, a paru aussi généralement peu apostolique, et par-là même peu pontificale. Il nous a semblé entendre l'artillerie du château Saint-Ange, mêlée aux foudres du Vatican. Avec un autre esprit, le pape son prédécesseur, à qui il avait échappé une erreur, se contenta de dire : *Je suis cendre et poussière.* C'est là que pour un prêtre se trouve l'autorité ; elle vient de Dieu même qui a dit : *Apprenez de moi que je suis doux et humble de cœur.*

Ce caractère du prêtre, tel que je viens de le décrire, ne peut se présenter aux hommes sans provoquer le respect ; toutefois, entouré des séductions du monde, qu'il prenne garde de s'y laisser entraîner ; c'est ce qu'il fera toujours, lorsque, malgré les préceptes de Dieu et des apôtres, il voudra se mêler à ses mouvemens.

En observant la chasteté, ou même en réduisant son corps en servitude comme saint Paul, un prêtre pense remplir les devoirs qui lui sont imposés. Il n'en remplit qu'une partie ; il lui reste à dompter les suggestions de l'esprit. L'amour charnel n'est pas la seule volupté de la vie, l'amour de la domination en est une autre assez vive.

Dans les premiers ébats d'un amour innocent, si malgré la pureté d'un jeune homme, les maîtres de la vie spirituelle conçoivent déjà de l'inquiétude : avertis comme ils le sont de la folie des sens ; pour peu que ces ébats prennent un caractère vif, si leur inquiétude augmente ; et s'ils reconnaissent déjà ce qu'ils appellent *indicia perituræ castitatis*, que penser de ces autres ébats où, par l'effet d'une autre espèce de concupiscence, l'orgueil convoite l'orgueil, où l'homme cherche à dominer l'homme ? C'est en vain qu'on se parera des plus beaux motifs, il sera facile de reconnaître le penchant d'une tendance dépravée, et bientôt *indicia perituræ sanctitatis !* Pour le jeune homme passionné qu'y a-t-il de plus beau que l'amour ? Pour le prêtre qui s'égare qu'y a-t-il de plus noble que la conquête des ames ? Que peut-on faire de mieux que de s'emparer du monde pour le donner au ciel ?

Telles sont les suggestions artificieuses avec lesquelles l'esprit du mal pousse les prêtres dans les choses du monde, et par-là même à leur dégradation.

CHAPITRE V.

CONTINUATION DU MÊME SUJET ; DES RAISONS QUI SONT ALLÉGUÉES POUR PORTER LES PRÊTRES DANS LES CHOSES DU MONDE.

TOUTE nation qui a des mœurs et qui s'est placée dans le monde civilisé de manière à y avoir quelque honneur, se fait remarquer par son respect pour les femmes et pour les prêtres. Elle se fait remarquer en même temps par le soin qu'elle met à les éloigner de ses affaires.

Et d'abord, pourquoi cette exclusion des femmes ? Y a-t-il dans leur constitution particulière quelque chose qui accuse leur incapacité ? Si j'avançais cette maxime, la loi civile s'élèverait aussitôt pour me dire qu'à la mort du mari, elle institue la femme tutrice des enfans et gouvernante de la maison : la loi politique s'élèverait à son tour pour me dire que même dans le royaume de

France, où les femmes ne succèdent pas à la couronne, elle institue à la mort du roi la reine tutrice des enfans et régente du royaume. L'histoire et le tableau de la société s'élèveraient de leur côté pour me montrer de grandes reines comme de grands rois, ainsi qu'une multitude de femmes lettrées et savantes. Certes, il faudrait avoir bien du courage pour soutenir que madame de Maintenon n'avait aucune capacité politique, et que madame de Staël n'était pas digne de figurer dans une académie.

Actuellement, je puis me demander, non pas s'il y a dans la constitution du prêtre quelque chose qui l'exclut des fonctions sociales, mais au contraire pourquoi il ne les exerce pas toutes. L'éducation particulière que le prêtre reçoit, les lumières qu'il est en état d'acquérir, la supériorité de vertu comme de talent qui le place généralement au-dessus des autres hommes, me paraissent des avantages tellement incontestables, que je n'ai plus à demander pourquoi on lui attribue telle ou telle fonction, mais seulement pourquoi il ne les exerce pas toutes. Je ne sais, par exemple, pourquoi nous avons un ministre de la justice et un ministre de l'intérieur laïques? pourquoi nous avons de même, composés comme ils le sont, des préfets et des sous-préfets, des maires de village et des maires de canton? pourquoi nous avons nos cours royales actuelles, nos tribunaux de première instance et nos juges de paix. Est-ce que le clergé supérieur et inférieur ne remplirait pas bien ces places ? Me contesterait - on qu'un curé qui a appris en théologie son Traité de la justice, en même temps que son Traité de la grâce, qui a l'habitude de la dialectique et de la scholastique, est moins propre qu'un maire bourgeois au contentieux des affaires; qu'il portera dans l'administration moins de lumières, dans ses jugemens moins de conscience et d'équité? Me contesterait-on que certains cardinaux, certains évêques, certains abbés, n'aient pas été de bons juges, de bons ministres, de véritables hommes d'Etat? Oserait-on me dire, parce qu'on est prêtre, qu'on doit aussitôt se trouver frappé d'une sorte d'infériorité ou d'incapacité dans les affaires.

Ceux qui veulent exclure les prêtres de toute fonction civile ne me diront pas cela;

ceux qui veulent les porter partout ne me
diront pas non plus que c'est à cause
d'une supériorité particulière. Ils se gardent
de généraliser ainsi les prétentions ; ils consentent à laisser aux hommes du monde un
certain train des affaires du monde ; ils mettent seulement à part l'éducation qu'ils attribuent aux prêtres, comme étant leur domaine particulier. On a entendu parler des
grandes difficultés du chinois et de l'hé-
breu ; on a entendu parler des grandes
difficultés du calcul différentiel et intégral :
aux yeux de ces hommes, la morale et le
culte chrétien offrent apparemment des difficultés semblables.

A l'égard des grandes fonctions d'Etat,
ces hommes sont de même très-raisonnables.
Ils ne prétendent à aucune exclusion des
laïques ; ils demandent seulement pour les
prêtres une part suffisante : la vie dévote à
laquelle le prêtre appartient, et les soins
pénibles de son ministère exigeant du repos, que peut-il y avoir de mieux que de
l'employer avec utilité aux affaires publiques ? En outre de ce délassement convenable, la puissance temporelle étant sujette à

beaucoup d'entreprises, n'est-il pas naturel qu'il y ait dans toutes ses parties un poste d'évêques ou de prêtres à l'effet de surveiller jour à jour ses mouvemens, voir en quoi ils peuvent contrarier ou favoriser, offenser ou seconder ceux de la puissance spirituelle ? C'est ainsi qu'il y a eu de nos jours un commissaire anglais à Dunkerque, non pas pour régir la ville, mais seulement pour observer les mouvemens du port, et réprimer dans l'intérieur toute entreprise de construction supposée nuisible à des intérêts rivaux.

Je ne suis point étonné de ces prétentions des prêtres. Je ne les accuse même pas trop de ce qu'elles ont d'exagération. Après les événemens d'une révolution qui a tout bouleversé, le mouvement qui l'a suivie a été tel, que les créations nouvelles, se faisant avec toute l'énergie qui leur était propre, ont dû excéder bien souvent l'espace qui leur appartenait. Entre nos anciennes institutions, comme celle du clergé, toute mutilée qu'elle était, se trouvait, par toutes ses connexions, la plus facile à se reprendre; elle s'est reprise avec d'autant plus d'activité, qu'autour d'elle la place était vide. Attendu les obstacles qu'elle a éprouvés de Bonaparte, si au premier abord elle n'a pu s'étendre à son aise , aussitôt que la légitimité lui en a laissé la liberté , elle a dû en profiter. La légitimité elle-même, trouvant tout désert , a regardé comme une fortune une base où elle pouvait s'appuyer.

Ici, il faut prendre garde de ne rien outrer. Dans le mouvement d'un grand Etat, où la puissance temporelle protectrice de tous les intérêts a à protéger nos intérêts chrétiens comme tous les autres, il est difficile que le monarque qui a un conseil pour toutes les parties de son gouvernement, n'y appelle pas quelquefois pour les intérêts spirituels les princes de la vie spirituelle ; tout ce que j'ai à dire , c'est que pour les prêtres comme pour le pouvoir, pour la religion comme pour la société, une loi à observer rigoureusement c'est d'empêcher les prêtres d'occuper dans les fonctions civiles un poste fixe.

Quand une nation est très-galante, elle met un grand soin à éloigner les femmes des affaires; car alors elles ont trop d'importance. Quand une nation est très-religieuse , elle doit par la même raison mettre un grand soin à éloigner les prêtres ; si elle n'est pas très-religieuse, il faut encore qu'elle les éloigne; car elle doit chercher à gagner en leur faveur l'affection et le respect. Eh ! comment les respecter, lorsque, faussant toutes les attitudes et toutes les allures, on les voit quitter l'étole pour la toge, la toge pour l'étole ; cumuler les fonctions de magistrat et de prêtre, de législateur et de magistrat!

Si on a une véritable idée de ce qui constitue des prêtres, n'est-ce pas une pitié de les voir introduits non-seulement dans les universités, dans les administrations, mais même dans les académies ? Encore si c'était de ces prêtres de l'ancien régime, espèces d'abbés, je ne dirai pas sans sacerdoce, mais au moins sans ministère, et dont il était bon de mettre à profit les talens distingués, et l'éducation soignée. Mais ce sont, au contraire, nos prêtres les plus fervens, ce sont le plus souvent des modèles de sainteté, espèces d'arbres divins qu'on se plaît à dégrader en les entant sur la vie du siècle pour leur faire porter les fruits de la frivolité.

On a cru donner ainsi de la considération aux prêtres. Je le demande, un artiste qui aurait à faire le portrait de M. l'Archevêque de Paris, le peindrait-il de préférence au moment où il siége à l'Académie, faisant des observations savantes sur les participes et les particules? Non. Pourquoi? Parce qu'il sentirait que son modèle se trouve ainsi abaissé. Granet vous a plu avec son tableau des Capucins. Pourquoi? Par beaucoup de raisons assurément d'art et de talent, mais aussi par l'attitude dans laquelle il a placé ces religieux. Si au lieu de les peindre dans une église et en prières, il les avait peints en récréation, au réfectoire, ou même, si vous voulez, avec l'importance que le cardinal de Richelieu avait donnée à son père Joseph, il aurait pu, comme peintre, avoir le même talent : il n'aurait pas eu le même succès.

Vous voulez inspirer en France du respect pour les prêtres. Au nom de Dieu ne les mettez ni dans le monde, ni dans les affaires! Quoi qu'ils vous disent, empêchez-les de se prostituer dans le détail des misères humaines. Vous renfermez vos vases sacrés dans des tabernacles; vous ne les produisez au regard public, même au culte, qu'avec ménagement : faites-en autant de vos prêtres. Ne permettez pas à ces ciboires et à ces calices d'aller parader dans nos fêtes. Les femmes sont des fleurs; les mettre dans les affaires, c'est les faner. Les prêtres sont des vases saints; les employer aux usages du monde, c'est les profaner.

Pour légitimer cette profanation, plusieurs exemples sont allégués. On a cité d'abord l'antiquité; on cite ensuite les services importans rendus par le clergé à la société. Certes, ce n'est pas moi qui contesterai ces allégations; je les appuierai même de tout mon pouvoir; j'en contesterai seulement l'application.

Dans l'enfance des sociétés, lorsque les hommes appliqués tantôt aux besoins de la vie, tantôt emportés dans le mouvement des combats, n'avaient encore ni instruction, ni corps de lois fixé, ni presque de constitution sociale, il était naturel que tous les regards se tournassent vers les hommes de Dieu, les hommes de la méditation et de la prière, les seuls qui, avec du loisir, eussent

en même temps de l'instruction et des vertus : c'est ainsi qu'en Egypte, chez les Hé-
breux et dans la Gaule, les prêtres acquirent
la domination civile et politique.

En France et chez plusieurs nations de
l'Europe, lorsque l'empire romain croulant
de toutes parts avec ses anciennes mœurs,
ses anciennes institutions, son ancienne re-
ligion, ses anciennes lois|, le sol se trouva
tout-à-coup investi par une multitude d'é-
trangers, n'ayant eux-mêmes d'autres habitudes, que celles de la guerre, d'autre gouvernement que celui des armes, ce fut sûrement une fortune pour ces étrangers, ainsi
que pour ce qui restait d'habitans indigènes,
de trouver auprès d'eux des hommes let-
trés, façonnés, en même temps qu'à la
vertu, aux arts, aux lois, à la discipline
sociale.

Dans un âge plus avancé, les croisades
ayant de nouveau bouleversé la France, en
portant vers l'Orient tout ce qu'elle avait
d'hommes considérables, il fut encore très-
heureux pour elle qu'il restât dans son sein,
sous le nom de *clercs*, des hommes capables
de remplir une partie des fonctions civiles.

Ce n'est ni dans une telle situation, ni dans de telles circonstances, que se montre un certain esprit ambitieux que j'accuse. Et d'abord une vérité importante dans cette discussion, et qu'on ne doit jamais perdre de vue, c'est que dans les écarts que je signale, c'est toujours moins le clergé que la société, les gouvernemens, les souverains eux-mêmes, qui sont coupables. Les temps le sont aussi. Si les temps sont troublés, si les gouvernemens sont peu éclairés, si la société se partage entre une dévotion ardente, stupide, et une indifférence religieuse encore plus stupide, il faudra que tout sorte de sa voie, et par conséquent s'égare.

Qu'il me soit permis de prendre pour exemple une des communes de France, telles qu'elles sont composées avec leurs juges de paix, leur maire, leur notaire. Si, par l'effet de je ne sais quelle paralysie, ces fonctionnaires se trouvaient empêchés pour l'exercice de leurs fonctions, est-ce que le curé, homme charitable, plein d'activité et d'instruction, abandonnera à eux-mêmes ses paroissiens ? Au contraire, il leur administrera avec plus de zèle les se-

cours qui sont à sa disposition. Des propriétaires ont entre eux des contestations sur les
limites de leur possession ; le curé se trans-
portera sur les lieux, et avec prudence,
savoir, équité, il prononcera sur ces contestations. Il en sera de même sur les autres
points. Des ponts sont à construire, des
chemins ont besoin de réparation ; la fontaine du village, l'horloge, l'école publique
demandent quelque entretien. En l'absence
du maire, si le curé, qui a du zèle, assemble les
principaux habitans, s'il règle avec eux le
contingent des contributions ; dans ses visi-
tes pastorales, si le mourant lui confie ses
dernières volontés, si le père de famille lui
confie ses projets d'établissement ; dans les
maladies des hommes et des animaux, s'il
lui convient d'appliquer les secours de ses
lumières et de son expérience, quel repro-
che méritera-t-il en cela ? quel prétexte surtout trouvera-t-on pour l'accuser ?

Je conviens de cette manière que peu à
peu l'office de juge de paix, celui de maire,
celui de notaire, de chirurgien de village, ou
de maître d'école, tomberont. A qui la faute ?

Dans un de mes précédens écrits j'ai cité

avec éloge l'ouvrage *du Pape*, de M. le comte de Maistre. Cet éloge ne porte certainement pas sur la partie ultramontaine de ce livre; mais il est très-vrai, à mon avis, que personne n'a démontré aussi victorieusement que cet écrivain, comment, sans aucune espèce d'ambition, de dessein et de préméditation, mais seulement par l'impulsion des temps et des événemens, le pouvoir des papes est parvenu à envahir non-seulement la ville de Rome, mais encore l'Italie et une partie du monde. La puissance des prêtres envahirait de même, si certains temps revenaient, et si on les laissait faire, tous les emplois, tous les offices, toutes les dignités, toutes les autorités. Et qui pourrait dire que l'administration ecclésiastique n'est pas aussi bonne qu'une autre? J'ai suivi pendant long-temps tout ce que j'ai pu découvrir de nos vieilles chartres : j'ose affirmer que sous ce gouvernement féodal qui a tant occupé nos écrivains, l'administration des évêques, celle des abbayes et des couvens de moines, non-seulement égalait, mais encore surpassait en équité, en bonté, en paternité, l'administration la plus renommée des hauts barons.

Actuellement, après avoir admis avec vous tous ces faits, après les avoir excusés, justifiés même par le zèle et la nécessité des temps; après avoir reconnu encore les biens que la société en a retirés, il ne s'agit plus que de savoir si nous sommes dans un temps et dans un état de société, où l'intervention civile et politique des prêtres puisse être regardée de même comme un avantage ou comme une nécessité. Il faut aussi considérer, soit pour le sacerdoce, soit pour la religion, soit pour l'autorité, soit pour la société, les inconvéniens qui anciennement se sont mêlés aux avantages.

Si cette immersion des prêtres dans les affaires mondaines est précisément ce qui les a perdus; si, en s'emparant du monde, il est arrivé qu'en même temps le monde s'est emparé d'eux; s'il en est résulté des attaques continuelles contre l'autorité, la dépravation générale des mœurs, les révoltes successives du calvinisme, du jansénisme, et finalement de l'athéisme, vous devez prendre garde, avec les mêmes causes, de produire les mêmes effets. Je n'irai pas rechercher ici avec affectation leur conduite sous la seconde race, lorsqu'ils déposèrent Louis-le-Débonnaire et Charles-le-Chauve ; je ne la rechercherai pas non plus dans les premiers temps de la troisième race, lorsqu'ils excommunièrent le roi Robert, qu'ils menacèrent Philippe-Auguste, saint Louis, Philippe-le-Bel ; je ne la rechercherai pas non plus dans la guerre des Albigeois, lorsqu'ils mirent tout le Midi en feu. Au temps de saint Bernard, si le clergé était déjà perdu de simonie et de débauche, ainsi que je le vois dans ses Lettres ; sous saint Louis lui-même, si les abus étaient arrivés à un tel point, que j'y trouve un évêque âgé de dix-huit ans ; plus tard, c'est-à-dire après le concordat, s'il s'était renouvelé à l'égard des prêtres une sorte de spoliation semblable à celle de Charles Martel ; si la société était arrivée, à l'égard des prêtres, à un tel mépris, qu'il y avait de grandes dames qui disaient *mon évéché, ma cure;* plus tard encore, si le capitaine Bourdeille s'était sans façon emparé de l'abbaye de Brantôme, dont il a publiquement pris et gardé le nom ; enfin, si je me mets à peindre tout l'état de l'Eglise, de la religion et de la société au temps de Léon X, et tout ce qui s'en est suivi, on conviendra que les avantages apportés par l'introduction des prêtres dans les choses temporelles, présentent des compensations.

Je n'ai pas fini.

Après cette époque, je ne chercherai pas, si l'on veut, le temps de la Ligue et cette conspiration continuelle des jésuites contre Henri IV, leur bienfaiteur et leur victime. Je me placerai, au plus près de l'âge présent, sous le règne de Louis XIII. Là je ne contesterai pas au cardinal de Richelieu un grand talent comme homme d'Etat; mais si je veux le dessiner comme prêtre, dans quelle partie de sa vie le prendrai-je? Sera-ce lorsqu'il endosse la cuirasse et qu'il commande les armées; lorsque, créant des commissions au lieu de juges, il fait trancher la tête à Marillac et au jeune de Thou; ou bien, lorsque, tout entier à la niaiserie d'un poëme tragique, il cherche à soulever l'Académie et Paris contre le Cid; ou bien encore dans l'intérieur de sa maison, lorsqu'il fait soutenir des thèses d'amour à sa nièce?

Je passe à la minorité de Louis XIV. Je ne contesterai sûrement pas au cardinal de Retz un grand talent et un esprit élevé; mais celui-là, si je veux encore le dessiner comme prêtre, dans quel moment le prendrai-je? Est-ce au parlement, lorsqu'il harangue pour la Fronde, ou dans les rues, lorsqu'il en dirige les légions, ou dans les salons de Paris, lorsqu'il est publiquement amoureux de mademoiselle de Chevreuse? Il est vrai que j'apprends de lui et du président Molé qu'elle avait de très-beaux yeux.

Lecteur, vous ne connaissez peut-être pas le madrigal suivant :

> Iris s'est rendue à ma foi;
> Qu'eût-elle fait pour sa défense?
> Nous n'étions que nous trois, elle, l'amour et moi,
> Et l'amour fut d'intelligence.

Et de qui sont ces jolis vers? D'un prêtre académicien, d'un prédicateur du Roi sous Louis XIV, du fameux abbé Cottin.

Je vous fais grâce du cardinal Dubois. Je ne veux vous citer que des abbés beaux esprits, charmans vauriens, tels que Chaulieu et Lattaignant, ou un homme d'affaires de nos jours, l'abbé Terray. Avec une telle légende de saints, vous êtes étonnés de l'abaissement de la religion et de la dégradation du caractère de prêtre. Vous allez chercher parmi les philosophes une conspiration contre la religion; prêtres, c'est dans votre sein que vous la trouverez! Vous la trouverez dans ce cercle d'abbés de cour qui, en Sorbonne, se réfugiant dans un coin, à l'effet de troubler plus à leur aise la démonstration du professeur, le fit s'écrier: *In angulo sordes et de sordibus episcopi.* Vous la trouverez dans vos prétentions d'alors au bel esprit, aux affaires, à toutes les mondanités; vous la trouverez encore aujourd'hui dans les mêmes dispositions qui vous ont repris, et qui vous conduiront aux mêmes effets.

CHAPITRE VI.

QUE LE SYSTÈME, OBJET DE L'ACCUSATION, TEND A ALTÉRER ET A PERVERTIR LA MORALE; CE QUE C'EST QUE LES MOEURS.

JE suis porté à croire, malgré les grands progrès de la civilisation, qu'on ne sait pas bien ce que c'est que les mœurs. Jusqu'à présent aucun homme administrant n'a été dans le cas de s'en occuper; nos grands penseurs eux-mêmes, Locke, Montesquieu, Bacon, ont supposé les mœurs sans les définir. On a de Tacite un ouvrage admirable sur les mœurs des Germains; dans cet ouvrage, le mot *mœurs* ne signifie que les coutumes. En général, les anciens ont parlé de mœurs comme on parle de l'air qu'on respire sans savoir ce que c'est. Il me conviendrait fort de suivre cet exemple, si en parlant sans cesse des mœurs qu'un certain parti confond avec la religion, à l'effet de mettre le tout ensemble sous l'autorité du prêtre, il n'en résultait pour la société des conséquences redoutables que je dois écarter.

Tout ce qui s'appelle Mœurs représente une sorte d'ensemble, d'union, ou, si l'on veut, d'harmonie. Sous ce rapport, on distingue les mœurs politiques qui sont propres à une nation, les mœurs locales qui sont propres à une contrée, les mœurs domestiques qui sont propres à la famille, les mœurs individuelles qui caractérisent l'ensemble de la vie. Cet ensemble, cette harmonie d'où résulte dans les individus cette énergie qu'on appelle vertu, dans les congrégations l'esprit de corps, dans la famille l'honneur, dans la contrée l'esprit public, dans une nation le patriotisme : voilà ce que c'est que les mœurs.

Comme les mœurs, dans leurs diverses nuances, dérivent du même principe, elles sont sujettes aux mêmes règles. Dans l'homme individuel, si l'harmonie qui compose sa force n'est jamais rompue, il a le bonheur de demeurer, dans tout le cours de sa vie, semblable à lui-même. Il se trouve ainsi dans sa vieillesse sur la même voie qu'il a tenue au jeune âge : c'est ce que l'Esprit-Saint exprime très-bien par ces paroles : *Adolescens juxtà viam suam, etiam cum senuerit non recedet ab eá.*

Emporté par le flot des événemens qui nous égarent, ou par l'ardeur des passions qui nous entraînent, si l'accord de notre vie vient à se rompre en quelque point, il en résultera, dans des choses de peu d'importance, une simple impression de malaise; dans des choses qui toucheront notre honneur ou notre conscience, un état plus ou moins douloureux de honte et de remords. Si cet accord vient à être brisé souvent, il n'y aura plus de remords; il y aura une vie tout entière rompue et déprise d'avec elle-même. On dira d'un tel homme qu'il est *corrompu;* il le sera en effet dans tout le sens de cette expression; car sa vie dissoute sera tout en pièces, et ne tiendra par aucun bout.

Il n'en sera pas autrement d'une nation. Si par le flot des passions ou par celui des événemens, la vie nationale, s'affaiblissant par certaines causes, vient à se déprendre tout-à-fait de sa vie passée, si toutes ses anciennes institutions viennent à se rompre, et si, en voulant ensuite se reprendre, elles se rompent encore et se fracturent ainsi sans cesse, pendant un certain laps de temps, on aura en grand le spectacle de corruption qui peut se remarquer dans la vie d'un indi-vidu.

Dans un autre chapitre, j'aurai à montrer plus particulièrement comment la religion doit s'accorder avec les mœurs, les affermir quand elles sont bonnes, les corriger quand elles sont défectueuses. En ce moment, je ne dois m'occuper qu'à montrer leur caractère. J'ai à écarter surtout de fausses doctrines qui mettent le principe des mœurs tantôt dans la religion, tantôt dans les lois. Pour les peuples, comme pour les individus, les mœurs ne sont autre chose qu'un concert de sentimens ainsi que d'habitudes. Comment un tel concert peut-il parvenir à s'établir et à se former ? c'est ce qu'il importe de recher-cher. Il paraît que le grand principe à cet égard est dans celui des communications humaines.

Et d'abord, que la nature humaine soit ainsi faite, que les impressions soient communicatives d'homme à homme, c'est ce qu'il est facile d'observer dans des rassemblemens nombreux où le rire, les pleurs, les bâillemens, les convulsions se communiquent quelquefois de manière à paraître quelque chose de contagieux. Dans les choses les plus frivoles, on a vu se développer, sous le nom d'enthousiasme, une énergie qui a triomphé des plus grands obstacles.

Sur ce champ de jeux et de frivolités, il peut s'élever des discussions violentes. On a vu tout Paris se partager entre les gluckistes et les piccinistes ; un parterre se diviser sur le mérite d'une pièce de théâtre, et cette division occasioner des rixes sanglantes. C'est ainsi qu'on peut comprendre l'impression que fit dans la Grèce l'addition d'une corde à la lyre.

Dans toutes les nations, le simple costume, quand il est établi, a une telle autorité, que le moindre changement imposé par un czar ou par un sultan, causerait un soulèvement. Les régens de collège sont très-puissans : ils ont à leur disposition des férules et des verges ; ils sont incapables de retenir quelques centaines de morveux, au moment où ceux-ci auront appris qu'un des leurs a reçu une insulte. Il en est de même de la police particulière des ouvriers dans une manufacture; de même de celle des soldats dans leur chambrée. Avec la seule force de l'esprit public, vous pouvez obtenir les observances les plus difficiles sans aucune entremise de la religion et de la loi. Avec cette entremise, il peut arriver que vous n'obteniez rien.

Je citerai à cet égard quelques exemples.

Retiré dans un village de la Suisse, je vois sortir régulièrement de chaque maison des seaux de lait qu'on apporte à une maison commune pour une fabrique commune. Un registre exact est tenu chaque jour des quotités versées, et chaque maison reçoit finalement sa quotité correspondante en fromage. Dans une telle administration, où la fraude est si facile, comment n'en voit-on pas des exemples? Jamais.

Je vais en Allemagne. A Jéna et à Gotha, les directeurs des musées me montrent comme objet de curiosité un squelette de loup. « Comment, monsieur, dans un pays couvert d'oies et de moutons, vous n'avez pas de loup? — Nous en aurions bien si nous voulions; mais aussitôt qu'il en paraît un, la contrée entière s'émeut. Il n'y a pas de repos jusqu'à ce qu'il soit détruit. Celui que vous voyez là parut, il y a onze ans, dans les montagnes que vous venez de visiter. Au bout de trois jours, il fut abattu et apporté ici. »

Voilà ce qui s'opère dans certaines contrées avec le seul mouvement de l'esprit public. Actuellement, je vais montrer, dans des choses bien plus importantes, et avec le secours de la religion et des lois, ce qui se passe dans d'autres.

Je vais en Italie. Il ne manque là ni de missionnaires, ni de croyance, ni de gendarmes, ni d'établissemens religieux. Posté dans un village sur le bord du lac de Bolsenne, avec dix sbires qui étaient à ma solde et qui devaient me protéger dans certaines courses de montagnes, les voleurs dont ces montagnes étaient garnies enlevèrent en plein jour une jeune fille qui puisait de l'eau à la fontaine; il n'y eut pas la moindre rumeur dans le village. Dans ces dernières années, les voleurs ont enlevé, à Frascati, dans sa maison, le supérieur des camaldules et sept religieux. Personne n'a bougé.

Ces faits expliquent ce qu'il y a de mystérieux dans les mœurs. On comprend comment, dans certains pays, sans aucune espèce de loi, il peut s'établir des règles et de l'ordre; comment, dans d'autres pays, malgré les lois et une abondance d'établissemens religieux, il peut s'établir une telle chose que le brigandage. Partout où, avec les bonnes habitudes et les bons sentimens, il s'établit des mœurs, il s'établit avec elles du respect pour les choses et pour les personnes, et par-là même des moyens faciles de gouvernement. Là où, par une cause ou par une autre, les respects sont dissous; là où les classes pauvres ne sont contenues auprès des classes riches que par la crainte, les classes moyennes auprès des classes élevées que par la loi, les classes supérieures auprès du pouvoir que par la Charte, vous serez dans l'anarchie. Les gendarmes ne vous préserveront pas plus alors que les missionnaires; les échafauds, que les peines d'une autre vie. Ces moyens, faits pour les cas extraordinaires, appliqués sans cesse au

cours de la vie, se trouveront souvent inu-
tiles, toujours insuffisans.

Il est facile de se convaincre que ces désordres, qu'on s'obstine à attribuer ici à
une négligence de la part des lois de police;
ailleurs à un manque de zèle de la part des
prêtres, sont simplement l'effet d'une certaine défectuosité dans les mœurs. Si vous interrogez en Irlande les *white boys*, ils ne vous
citeront pour se justifier ni l'Encyclopédie,
ni la philosophie, dont ils n'ont point entendu parler; ils vous diront que dans leur
pays, les propriétés n'ayant pour origine
que la spoliation et la confiscation, ils ne
sont tenus à aucun respect pour de telles propriétés; ils ajouteront que les propriétaires
vivant presque tous à Londres, leurs posses-
sions sont livrées à de misérables fermiers
et sous-fermiers, fléaux de la contrée. Si
vous interrogez les *luddistes*, ils ne vous
parleront pas plus que les précédens de
Voltaire ou de d'Alembert; ils vous diront
que les chefs fabricans ou manufacturiers ne
sont avec leurs machines que des aventuriers
qui ôtent au peuple ses moyens de subsistance. Si vous interrogez les voleurs anglais,

ils vous diront que dans leur patrie l'argent a une telle importance, qu'au lieu de demander, comme dans les autres pays, combien un homme a de revenus, la locution admise est de demander *combien il vaut*. Ils diront ensuite bien d'autres choses sur un de leurs rois qui a été voleur, et sur la commémoration qu'en font chaque année les chefs d'une école célèbre.

A l'égard de l'Italie, il n'est pas plus difficile d'expliquer le système de désordre qui y règne au milieu de ses missionnaires et de ses gendarmes. Tout provient d'un certain mauvais esprit public. Ce n'est jamais que par hasard que les brigands sont atteints : ils ne sont ni recherchés, ni dénoncés ; ils vont habituellement aux marchés et aux foires. De tous côtés, on a soin de les informer des entreprises qu'on fait contre eux. Leur profession n'est point un objet de honte : quelquefois elle est honorée. Dans un territoire particulier, un commissaire de police m'a assuré qu'une honnête fille ne se permettrait pas d'épouser un jeune homme, s'il n'avait pas au moins pendant deux ans exercé la profession de voleur.

Je suis fâché que ces faits, leur rapproche-
ment et leurs conséquences ne cadrent pas
avec les théories de certains politiques, qui
croient que pour ordonner un pays il n'y a
qu'à y parler d'enfer et d'échafauds, de gendarmes et de prêtres. Aucun pays, encore
moins la France d'aujourd'hui, ne s'accom-
modera de ce système. S'il est vrai que c'est
par les mœurs que se gouverne principalement un pays, et si les mœurs se composent principalement d'un amalgame de bons
sentimens et de bonnes habitudes, formez
les bonnes habitudes, entretenez les bons
sentimens : tout cela formera les bonnes
mœurs. C'est par la religion qui a tant de
sympathie avec les autres bons sentimens ;
c'est par les habitudes du culte qui ont tant
de sympathie avec les autres bonnes habitudes, que vous affermirez et perfection-
nerez votre ouvrage.

Connaissant peu cette question, et aussi à
raison des occupations habituelles, n'ayant
pas le temps de l'examiner, le gouvernement
de Louis XVIII qui reconnaissait l'importance des mœurs, mais qui ne savait comment s'y prendre pour les refaire, en chargea

les prêtres, comme si c'était une chose spécialement de leur ressort. C'était une méprise.

Dans cette œuvre pour laquelle les prêtres se croient faits et pour laquelle cependant ils ont peu d'aptitude, s'ils n'y avaient
pas mêlé une autre pensée ; si au lieu de se
mettre sans cesse en avant pour étendre leur
domination et s'acharner à redemander,
dans l'état où était la France, des avantages
qu'ils avaient perdus, on les avait vus uni-
quement occupés de la religion, la présenter comme un secours et non pas comme
une menace, et le sacerdoce lui-même
comme un ministère et non pas comme
une puissance, ils auraient pu faire quelque
bien. Avant tout, ils devaient chercher la
morale dans le cœur humain, et non pas
dans leurs préceptes.

Il fallait pour cela qu'ils en connussent le
principe. Qu'était-ce dans les Gaules que ce
sentiment qui portait un ami *dévoué* à ne jamais survivre à son ami, ainsi que nous l'apprend César? Qu'est-ce au Malabar que ce
sentiment qui porte une femme à ne pas survivre à son mari? Qu'est-ce en France que ce
sentiment qui porte un homme outragé à ce

qu'on appelle duel, ou combat singulier? Tout cela peut s'appeler comme on voudra de mauvaises mœurs; ce sont des mœurs pourtant. Ces mœurs lient les hommes en état de nation; si quelquefois elles marchent avec la religion, quelquefois elles sont en opposition, et alors elles l'emportent et l'entraînent avec elles.

Autant l'union de la religion et des mœurs, quand elle existe, donne à une nation d'énergie et de moyens de prospérité, autant leur dissension peut être funeste. Dans ce cas, c'est toujours la religion qui succombe. Elle fait ainsi un grand bien ou un grand mal : un grand bien, lorsque les mœurs sont telles qu'elle peut leur donner son lustre et son appui; un grand mal, lorsqu'étant mal entendue, elle se jette sur les mœurs, non pour les corriger doucement, comme elles en ont besoin quelquefois, mais pour les asservir et les dominer. Elle fait encore un grand mal, lorsque se portant dans la vie civile, elle en veut occuper tout l'espace par ses rites, ses cérémonies, ses pratiques, et substituer ainsi les mœurs religieuses aux mœurs civiles; d'où il arrive que peu à peu

les lois civiles se fondent dans les lois religieuses ; que le prêtre législateur religieux
est conduit à devenir en même temps législateur et souverain de la société : ce qui prépare la chute de la religion et de la société.

Voilà ce que c'est qu'une religion qui, au
lieu de se lier aux mœurs, cherche de jalousie à les combattre, veut sans cesse substituer sa force à la leur , ou comme aujour-
d'hui se mettre tout-à-fait à leur place. On
cite des effets particuliers de la religion pour
prouver que la religion est le seul principe des
mœurs. C'est comme si on citait des effets particuliers des remèdes pour prouver que la médecine est le seul principe de la santé. Eh !
oui, sans doute, monsieur le médecin, l'opium
me fera dormir; j'aimerais mieux dormir pourtant par ma constitution propre; et s'il me faut
dormir tous les jours de cette manière , j'ai
peur de ne pas dormir long-temps.

En voulant à elle seule faire les mœurs ,
la religion se place dans un véritable
contre-sens ; en voulant mal à propos les
combattre, le contre-sens devient beaucoup
plus fâcheux.

Certes la France n'a pas, comme la Grèce,

des jeux olympiques, où un Hérodote pourra lire son Histoire après avoir pris le ton d'un joueur de flûte, espèce de congrès où la force, l'adresse, l'esprit, les talens, étaient en scène. Mais elle a, comme la Grèce, ses théâtres, sa littérature, ses académies. Elle reçoit de tous ses citoyens un besoin continu de communication par la pensée et par les sentimens ; elle a aussi un mouvement général d'arts, de sciences, de littérature, où tous les esprits luttent à deviner les plus beaux sentimens, avec leur plus bel entourage et leurs plus belles formes, à l'effet d'en animer diversement la toile, le marbre, le papier, et quelquefois même les reproduire avec une apparence de réalité sur la scène.

Sans doute ces jeux ne conviennent point à la vie dévote qui n'a point à se nourrir de semblables frivolités. Mais sous prétexte qu'ils en sont sévèrement exclus, les prêtres se liguent pour les exclure de même de la vie chrétienne. Sur ce point en vérité leur conduite est bizarre. D'un côté, dans leurs prédications, dans leurs missions, les spectacles sont condamnés comme un crime ; d'un autre côté, ils permettent ce crime à de grandes princesses et à de grands potentats. Se croient-ils donc en droit de faire à leur volonté le bien et le mal, de disposer du ciel et de l'enfer ?

Avec une religion ainsi conduite, et des mœurs publiques ainsi tracassées, on peut réussir à subjuguer une partie du peuple, on en révolte une autre partie : une troisième qui ne se révolte pas, condamnant en secret cette impulsion ultra-chrétienne, ne la repousse pas ouvertement, mais lui résiste sans cesse, et fait à cet égard ce qu'on fait des mauvaises lois qu'on ne veut pas abroger positivement, mais qu'on tâche de faire tomber tout doucement en désuétude.

CHAPITRE VII.

Si j'arrête mes regards sur la France ancienne, deux sortes de tableaux se présentent à ma pensée.

Personne ne contestera qu'il n'y eût en France, sous l'ancien régime, des magistrats intègres, des cours judiciaires d'un bon esprit; dans toutes les classes, un grand dévouement pour le roi et pour la famille royale. Il y avait de plus (ceci a quelque importance) un bon ton de littérature, un théâtre qui cédait à celui du siècle de Louis XIV, mais qui cédait peu; il y avait un beau mouvement général dans les arts et dans les sciences ; partout un point d'honneur vif; dans l'armée, soit de terre soit de mer, de l'instruction et du courage; enfin, de l'élégance dans les manières, de la politesse

(245)

dans les formes et un bon ton général.
Comment une nation composée ainsi ne se
conserve-t-elle pas ?

En contre-partie, il n'y avait plus de respect pour les anciennes institutions de l'E-
tat. Comme ces institutions tenaient à la
féodalité ; et que par un concert des rois,
des parlemens et du clergé, la féodalité était
devenue un objet d'accusation générale,
tout ce qui reposait sur cette base était
ébranlé ; tout tendait dans l'ordre politique
à des innovations que le goût général de
l'indépendance, les ambitions particulières,
les exemples de l'Angleterre et de l'Amérique favorisaient. Du côté de la religion, il
faut noter en première ligne l'intervention
des prêtres dans les affaires ; ce qui faisait
qu'on avait une assemblée du clergé qui
s'occupait de politique, des cardinaux ministres, des évêques académiciens et philosophes, des conseillers clercs au parlement
et une multitude d'abbés de cour et de salon. Un ensemble ainsi composé devait être
généralement repoussé ; et comme en même
temps le clergé dégradé se réunissait à ce
qui restait de clergé austère, pour imposer

les mêmes rites et réclamer la même obéissance, l'aversion de la haine venait se joindre
à toutes les autres aversions.

Le contraste de cette double situation
mise en mouvement dut enfanter d'autres
contrastes. En effet, les mœurs représentant,
comme je l'ai dit, un certain accord, un certain ensemble d'actes et d'impressions, si cet
accord se rompt dans certaines parties et se
conserve dans d'autres, on aura chez une
nation comme chez un individu le contraste
singulier de la corruption dans quelques
points, et de l'intégrité dans quelques autres. En France, où, par l'effet de la révolution, les anciennes institutions avaient été
brisées, ce qui changea tout-à-coup cette
partie des mœurs qui provient des habitudes, deux ordres de respect furent aussitôt
altérés : celui qu'on porte au rang et celui qui
est dû au ministre du culte. Cette partie de la
révolution une fois déclarée, tout noble, tout
prêtre put être impunément insulté.

Cependant, comme d'un autre côté les
anciennes impressions d'honneur et de délicatesse n'étaient pas effacées, la nouvelle
armée ainsi que la nouvelle nation qui

s'étaient faites, en demeurèrent saisies. On eut ainsi trois résultats remarquables : des actions d'éclat, des crimes d'éclat, peu de crimes obscurs. Tandis que les brigands étaient au palais des rois, ou au palais de la justice, les grandes routes et les maisons privées offraient autant de sûreté que dans l'ancien temps, peut-être plus. Et remarquons bien que chez les nations voisines, que j'ai citées précédemment, c'est l'inverse. Là, où les liens religieux et politiques sont conservés, et où les liens moraux sont dissous, ce ne sont plus le roi, les nobles et les prêtres qui sont systématiquement un objet d'attaque, ce sont les chefs de manufactures, les détenteurs d'argent ou de propriétés. En France, sous la plus épouvantable révolution, les routes, les bois et les cavernes, repaire ordinaire des brigands, étaient des lieux de sûreté ; en Angleterre, au milieu des plus belles lois civiles et politiques, on peut voir près de Londres les routes infestées de voleurs ; ailleurs, des *luddistes* ou des *white boys*. C'est ainsi, qu'aujourd'hui, à Rome et à Naples, pays où il ne manque ni de gendarmes, ni de missionnaires , ni même de jésuites , on peut à peine s'écarter de l'enceinte des villes.

Tel est le caractère particulier de la révolution française. C'est certainement dans l'ordre civil et politique le bouleversement le plus complet qui ait jamais eu lieu parmi les nations. Mais en même temps, comme au milieu des choses visibles qui étaient emportées, la révolution en conservait intactes une multitude qu'on n'apercevait pas, on peut dire, sous certains rapports, en employant le langage ordinaire, qu'elle a renversé la religion et les mœurs ; mais cela n'est vrai que sous certains rapports.

En effet, tout en perdant ses institutions sociales, c'est-à-dire les formes visibles et quelquefois usées dans lesquelles son ancien esprit était enfermé, il est de fait que la France n'a pas perdu cet esprit : même aux plus mauvais temps de la révolution, la France, livrée à la tyrannie d'une classe moyenne exaspérée, a conservé les sentimens nobles et délicats des classes élevées qu'elle proscrivait : elle a conservé dans son sein, alors même qu'elles ne pouvaient plus éclore, les semences de délicatesse et d'hon-

neur qu'elle avait reçues des générations pré-
cédentes, comme la terre conserve en hiver
les semences qui lui ont été confiées en automne. O bienfait de la Providence ! en perdant ses lois, elle a conservé le sentiment
de la justice ; en perdant ses institutions
honorables, elle a conservé les sentimens
d'honneur ; en perdant ses institutions religieuses, elle a conservé le sentiment religieux. Au retour de l'émigration, ce spectacle singulier d'un peuple qui a perdu tout
son corps, mais qui a conservé son ame,
m'a frappé : je voyais beaucoup de maux :
avec eux, je voyais l'espérance.

Aujourd'hui en faisant notre bilan, il sera
facile de voir ce que nous avons et ce qui
nous manque : ce que nous avons, il faut
soigneusement le conserver ; ce qui nous
manque, il faut soigneusement le recouvrer.
A cet égard, avoir eu offre une grande facilité
pour ravoir. On est étonné avec quelle facilité
des mœurs, qui n'ont été qu'effacées ou pliées
par les événemens, peuvent se rétablir. Si
vous allez à Saint-Domingue, vous y trouvez
sous une peau noire des hommes qui rédigent
assez bien leurs lois ; vous trouvez de

même un ordre de moralité assez bien entendu, jusqu'à une espèce de droit des gens. Croirai-je avec M. Wilberforce et avec M. Grégoire, que tout cela appartient à la peau noire? Allez visiter leurs semblables en Afrique!

L'explication de ce phénomène est simple : c'est que tout ce peuple d'aujourd'hui, à peau noire, vit sous des mœurs, des lois et des traditions blanches. Il en fut de même de la révolution et de l'armée révolutionnaire. Ce n'est pas moi certainement qui voudrais me rendre le détracteur de cette armée ; elle a rempli la France et le monde de sa gloire : ce que je veux dire seulement, c'est que dans ses premiers momens n'ayant pas le temps, en présence de l'ennemi, de se créer des mœurs nouvelles, elle prit toutes faites celles qui existaient : un ramassis à peau blanche s'inocula l'ancien esprit de la France, comme un autre ramassis à peau noire s'inocula ses institutions et ses mœurs.

Avec le sentiment qui nous reste de notre ancien esprit, comme Français, nous nous attacherons de plus en plus à cet esprit; nous repousserons en même temps les vices qui sont venus l'altérer. C'est d'abord le respect pour les rangs, qui, ayant été dissous, n'est pas encore rétabli ; c'est la division et l'incertitude qui règne sur les points politiques les plus importans ; ce sont des institutions qui, faites pour le sommet de l'Etat et n'existant que là, tournent vers ce point d'une manière déplorable toutes les activités, toutes les ambitions, toutes les habitudes, tandis qu'au corps et au centre qui sont abandonnés, il règne un état d'inertie fâcheux.

Rétablir dans l'ordre inférieur les rangs, c'est-à-dire la subordination du maître et du compagnon, du compagnon et de l'apprenti, du maître et du valet, du propriétaire et de l'ouvrier ; relever dans la bourgeoisie des villes la hiérarchie municipale ; dans la noblesse, où tout est aujourd'hui confondu, sa hiérarchie particulière et ses rapports avec la cour ; dans une échelle encore plus élevée, fixer les grades et la subordination qui lui sont nécessaires, c'est ainsi que peu à peu, en faisant cesser le dévergondage et l'arrogance, vous fixerez les respects, et en ce point les mœurs.

Ce n'est pas assez. Les esprits et la divagation des doctrines réclament encore vos soins. Faire cesser par la doctrine l'anarchie qui existe dans le mouvement des esprits, de même que vous faites cesser par les lois l'anarchie dans le mouvement des intérêts, c'est ainsi que vous marcherez au rétablissement des mœurs.

A cet égard, la religion, telle que certaines personnes l'entendent, vous sera non un appui, mais un obstacle. Vous aurez continuellement à combattre ceux qui, pour s'emparer de la domination, vous disent d'abord doucement que la morale fait la société, pour vous dire ensuite plus hardiment que la religion fait la morale. Non, la morale ne fait pas toujours la société ; quelque chose, comme de la société, peut s'établir chez des brigands : même si les hommes venaient à s'abrutir, il pourrait s'établir parmi eux une société, ainsi qu'on le voit chez les animaux. D'un autre côté, en principe rigoureux, on ne peut pas dire que la religion fasse la morale, on peut dire tout au plus qu'elle lui sert de base. Massillon va plus loin, il prétend que c'est le *bon ordre des sociétés qui est la base des vertus chrétiennes.*

L'observance des lois de l'Etat, dit-il, *doit préparer les voies à celles de l'Evangile* [1].

Toutefois en écartant la religion d'une place qui ne lui appartient pas et qu'une certaine ambition veut lui faire, il est nécessaire de spécifier et de respecter celle qui lui appartient. Dans une question complexe, où les uns s'égarent par l'impulsion de vues ambitieuses qui sont en eux-mêmes et qu'ils ignorent, où d'autres s'égarent plus sciemment en cherchant à former pour la politique des moyens de domination que la religion réprouve ; je dois sans doute attaquer des erreurs qui, en avoisinant la vérité, cherchent à prendre ses couleurs ; mais il faut prendre garde de blesser la vérité elle-même ; et alors je dois distinguer les effets réels du sentiment religieux lorsqu'il est associé aux mœurs, des effets nuisibles et fâcheux de ce même sentiment, lorsqu'on lui fait produire les mœurs mêmes.

Non, la religion ne fait pas les mœurs, mais d'un côté elle les embellit, d'un autre côté elle les cimente.

[1] **Petit-Carême.**

Non, ce n'est point en vertu de la religion qu'une mère soigne et allaite ses enfans ; ce qu'on veut établir à cet égard est absurde ; et cependant la religion qui s'embellira de ce sentiment l'embellira à son tour. Je me contenterai de rappeler le tableau de la belle Jardinière de Raphaël. Dans ce tableau, le sentiment religieux semble ajouter quelque chose d'élevé au sentiment même de la maternité.

Non, ce n'est pas en vertu des préceptes de l'Evangile ou du Décalogue que les hommes distingués portent dans leurs rapports mutuels ce ton d'honnêteté et de douceur qui se remarque chez tous les peuples polis ; et pourtant je dirai que le sentiment religieux ne lui est point étranger. J'ai vu dans ma vie bien des curés ; certainement, quelques-uns n'étaient pas tout ce qu'ils pouvaient être ; mais en voyant à côté d'eux leurs parens, notaires, artisans, laboureurs, combien de fois n'ai-je pas été frappé de ce que les habitudes religieuses donnent d'élévation, même aux manières ! Je pourrais encore mieux citer sur ce point les jésuites et Saint-Sulpice ; peut-être pourrait-on croire qu'il y a là de l'intention et de l'apprêt. Mais chez les chartreux, qui n'avaient certainement pas des vues politiques, combien de fois ai-je pu remarquer dans ma jeunesse l'élévation et le caractère distingué de leur hospitalité ! Quelques personnes encore vivantes peuvent se souvenir avec quelle dignité l'abbé trapiste de Sept-Fonds faisait, lors des états de Bourgogne, les honneurs de sa maison à M. le prince de Condé.

Enfin, ce n'est point en vertu des préceptes de l'Evangile ou du Décalogue qu'un honnête homme ne donne point la mort à son ami; et pourtant le sentiment religieux ajoutera encore à sa répugnance naturelle. Avec ce sentiment, il ne se contentera pas d'épargner la vie de son semblable; il lui portera au besoin protection et secours.

A la suite d'une révolution qui, ayant déplacé toutes les anciennes institutions, a déplacé tous les rapports, tous les devoirs, toutes les habitudes, dissous tous les liens, mis en pièces le corps du peuple et jeté partout des individus au lieu de citoyens; dans une situation où chaque individu est par rapport à un autre individu ce que les nations sont entre elles, c'est-à-dire obligé de se régir non par un droit établi, mais seulement par une sorte de droit des gens, c'est-à-dire par cette sympathie des consciences, par ce sentiment commun à tous les hommes, de l'honnête et du malhonnête, du juste et de l'injuste, c'est ainsi que vous parviendrez à rétablir dans la nation française cette harmonie pleine qui, faisant résonner sur le même ton toutes les fibres d'un peuple, développe au plus haut degré sa puissance, son patriotisme, son énergie.

CHAPITRE VIII.

QUE LE SYSTÈME, OBJET DE L'INCULPATION, TEND A RENVERSER LE TRÔNE ET L'AUTORITÉ ROYALE.

S'IL y a quelque chose qui, en ce moment, soit fait pour embarrasser ma pensée, c'est d'avoir à traiter en public des intérêts d'État que je ne puis éluder, puisque ce sont des intérêts de salut, lorsqu'en même temps, pour toucher ces intérêts d'une manière convenable, je suis obligé de m'approcher du trône, et en quelque sorte de la personne sacrée d'un roi. Homme de la solitude, peu au fait des délicatesses du monde, encore moins des usages des cours, placé entre deux sentimens, l'un de respect, qui me prescrit le silence, l'autre de fidélité, qui me porte à la défense d'un trône que je vois en danger, si je commets quelque faute, qu'elle me soit pardonnée ; car en vérité, ma position est difficile, en même temps que ma démarche est nécessaire.

Et d'abord, un fait que je dois rappeler

comme essentiel pour l'objet de ce chapitre, c'est que dans aucun temps l'avénement d'un roi de France ne s'est annoncé sous des auspices plus rians. Ce n'est pas seulement la ville de Paris, c'est la France tout entière qui a voulu assister à cette fête : *Et tu vivificabis nos et plebs tua lætabitur.* Jamais ces paroles du prophète n'ont été plus complètement justifiées.

Et d'où viennent ces mouvemens d'allégresse, ces cris de joie qui remuent la France et qui retentissent dans toute l'Europe ? On a dit quelquefois que la France est amoureuse de charte et de constitution ; d'autres nous ont dit qu'elle a en horreur les nobles et les émigrés ; je puis me demander alors si c'est à cause de quelque passion bien ardente pour le régime constitutionnel, ou d'une aversion non moins prononcée à l'égard de ses anciens compagnons d'exil, que se soulèvent ainsi pour le monarque l'amour et l'enthousiasme.

Point du tout : fidèle avec loyauté à cette constitution qu'il a jurée une fois et qu'il va jurer de nouveau, personne ne dit, après cela, que ce sentiment d'adhésion soit dans

le monarque une passion particulière ; on
dit encore moins qu'il ait abandonné ceux
qui, dans le malheur, ne l'ont point abandonné. Chaque jour il leur donne des témoignages de bonté ; bientôt il leur en donnera encore. Tout cela est vu, entendu,
accepté. Il faut chercher ailleurs le principe de l'enthousiasme que j'aperçois ; je ne
sais si je me trompe, mais on avait entendu
parler si souvent de rois philosophes, de
rois citoyens : on dirait qu'une curiosité
amoureuse a transporté la France à l'idée
de voir sur le trône un roi CHEVALIER.

Ce roi n'a pas plutôt pris les rênes de
l'État : « Qu'est-ce que toutes ces entraves ?
dit-il ; qu'est-ce que cette censure ? Ils m'aiment, et ils veulent être libres ; qu'ils le
soient ! » C'est précisément ce que le christianisme dit à ses enfans. Le royaume de France
est proclamé désormais à toute l'Europe
comme un royaume d'amour et de liberté.

Cependant deux ans sont à peine écoulés.
J'ai à décrire une autre phase. Quelle est
cette apparence nouvelle ? qu'est-ce que ce
silence inaccoutumé ? J'ai vu passer avec
toute la pompe des cours, le monarque, ob-

jet de notre culte. Autrefois, tout se pressait sur son passage ; aujourd'hui sans doute, le fonds de respect et d'affection se conserve. Pourquoi les témoignages ne sont-ils plus aussi vifs ? On a dit : Le silence du peuple est la leçon des rois ; c'est bien ; mais ici, n'y a-t-il que du silence ?

Tandis que je médite cette pensée, je vois passer un convoi funèbre : cent mille citoyens l'accompagnent. Toute la fortune de Paris et celle de la France semblent vouloir se précipiter pour doter sa famille. Quel est l'objet de ces transports ? Est-ce quelque chose comme Malborough à son retour en Angleterre ? Est-ce le maréchal de Villars, après la bataille de Denain ? Non, c'est un simple brave homme de guerre, qui a eu du talent dans les combats et de l'éloquence à la tribune, mais qui pourtant dans ces deux carrières où il a mérité l'estime, n'a jamais figuré que dans une seconde ligne.

Quelque énigme est cachée dans ces démonstrations.

On croit généralement qu'il n'y a que les particuliers qui soient susceptibles de dissimulation et d'hypocrisie ; oh ! que les peuples sont supérieurs en ce genre. Demandez à tout ce public si singulièrement ému, pourquoi il est ému; il se gardera de vous le dire. Je vais répondre pour lui.

Dès que sur quelque point d'intérêt public, un sentiment bien vif, bien sympathique est devenu général, contenu par la crainte, il peut couver quelque temps, faute d'issue ; aussitôt que l'issue se présente, il fait explosion. Que le mouvement en faveur de M. le général Foy, paré des couleurs du deuil et de la douleur, ait un autre objet, c'est à quoi il n'y a pas de doute. Il ne faut plus que rechercher l'objet. Je commencerai par des exemples.

Louis XIV fut un très – grand roi; la France et les nations étrangères lui portèrent un grand respect. Si je le considère au déclin de sa vie, je vois ce respect effacé. Mourant, il est couvert de malédictions. A ses funérailles, on a peine à le défendre des fureurs de Paris.

Louis XV, enfant, n'est rien ; mais dès qu'il a pris les rênes du gouvernement, toute la France l'adore. Il est malade à Metz, c'et la France entière qui l'est avec lui. On lui donne le titre de bien-aimé avec l'effusion la plus vraie et la plus vive. Actuellement ce même prince, si je le considère dans le cours de sa vie, je ne trouve auprès de lui rien de cette ancienne affection.

Voilà des faits, cherchons les causes.

A l'égard de Louis XIV, est-ce parce qu'il est prince religieux que l'amour des peuples s'éloigne de lui ? Saint Louis fut le plus religieux de tous les rois ; il fit de grandes actions, il commit même des fautes. Jamais l'amour des Français ne l'abandonna.

A l'égard de Louis XV, est-ce parce qu'il a des maîtresses que l'estime publique lui est refusée ? Mais Henri IV a été en ce genre aussi léger qu'il est possible. La France a souri de ses faiblesses ; elle ne lui en a point fait un crime.

Ah ! c'est que ce qu'on regarde comme les mêmes choses ne sont pas toujours les mêmes choses. Des nuances, légères en apparence, apportent des différences immenses. Saint Louis, courbé sans cesse devant Dieu, sait se relever auprès d'un pape qui s'écarte, et d'évêques qui se fourvoient ; Louis XIV, au contraire, plié insensiblement par une femme et par un prêtre, tombe et ne se relève plus.

De son côté, Henri IV joue avec ses faiblesses et ne s'en laisse pas maîtriser; Louis XV se laisse envahir.

J'ai trouvé par cela seul les causes que je cherchais. Qu'un peuple soit libre ou qu'il ne le soit pas, il lui déplaît d'avoir au-devant de lui un chef asservi : les esclaves n'aiment point à obéir à des esclaves.

Pour ce que j'ai à établir dans ce chapitre, j'ai sans doute besoin de ces exemples. Je me hâte de dire, et j'ai peut-être trop tardé, qu'en ce qui concerne le prince qui est sur le trône ils n'ont aucune application.

Certes, ce n'est point à moi à savoir ce qui se passe dans l'intérieur d'un palais. J'ai encore moins à m'occuper de ce qui appartient à la vie privée d'un souverain; et cependant je me permettrai de dire que s'il était vrai que notre bien-aimé monarque eût, comme saint Louis, embrassé la vie dévote, ce serait un événement dont la France n'aurait en aucune manière à s'attrister, mais, bien au contraire, à se glorifier et à se féliciter. Ce serait pour elle, en même temps qu'une garantie de plus pour les sermens faits à ses libertés, une garantie non moins heureuse pour l'accomplissement des devoirs de la royauté.

Sur cela même il se présente une observation importante. Dans un moment où des prêtres imprudens prônent partout en ce genre l'éclat et le bruit, je ne puis me dispenser d'admirer le soin de réserve et de modestie qu'un pieux monarque met à couvrir aux yeux des peuples ce que je regarde comme le premier lustre de sa vie. Charles X s'élevant au-dessus de la vie chrétienne ordinaire, s'est voué à la vie dévote. Si cela est, c'est beau, c'est admirable ; mais qui le sait ?

On se plaint quelquefois du déchaînement qui est montré contre des pratiques particulières de piété. Je ne conteste pas que ce déchaînement ne puisse à la longue avoir des effets fâcheux ; mais qu'il appartienne toujours à une intention impie, c'est ce que je nie. Lorsqu'au lieu d'observer en secret certaines pratiques religieuses, on se met à les prôner avec éclat, et à les proposer à l'imitation comme des titres de gloire, ceux qui ne sont point disposés à cette imitation s'élèveront probablement contre ces merveil-

les. Les abaisser alors, les critiquer, et finalement, si on insiste, les dénigrer, pourra
provenir d'un faux jugement, peut — être
d'un sentiment de jalousie, mais non pas
toujours, comme on le dit, d'un esprit
d'impiété.

Si, ce qui serait très-beau, le Roi a re-
noncé à la vie chrétienne pour embrasser la
vie dévote, n'est-il pas admirable qu'auprès
des simples chrétiens il n'en paraisse rien
dans ses actes ? Ce n'est pas tout ; on sait
combien dans d'autres temps la place de confesseur du roi a eu d'importance. Cette place si
célèbre sous les pères Cotton, les pères La
Chaise, les pères Le Tellier, qui l'occupe
aujourd'hui ? J'entends dire que c'est un
prêtre obscur, un simple habitué de paroisse, un homme que personne ne connaît.

Ce n'est pas en ce seul point que notre
monarque mérite notre admiration et nos
affections. S'il appartient, comme on le dit,
à la vie dévote, combien ne lui aura-t-il
pas fallu de bonté et d'amour pour se
produire, comme exemple de condescen-
dance et de sacrifice, dans ces enceintes
qu'on dit être prohibées par la vie chré-

tienne, mais qui le sont certainement par la vie dévote ! Je veux parler des spectacles. J'avoue que ce n'est pas sans quelque souffrance que je cite ici ce trait particulier. Si les spectacles sont, comme le veulent certains prêtres, une chose interdite, aucune raison ne doit engager un prince chrétien à y assister : la raison d'État pas plus qu'une autre. Cette raison d'État, fût-elle réelle autant qu'ici elle est frivole, ce serait le cas de dire ce qu'un de mes plus nobles amis, M. Bergasse, disait à un grand souverain du Nord : *Là où l'éternité parle, le temps doit se taire.* En réalité, il n'y a dans cette occurrence aucune application de la raison d'État; il n'y en a pas davantage des préceptes de la vie chrétienne ; mais je crains qu'il n'y ait une grande infraction à la vie dévote.

Dans cette vie particulière, il ne faut pas oublier que les devoirs étant plus rigoureux, les observances sont plus sévères. Dieu ne demande pas de nous que nous quittions la vie du monde pour venir à lui; il nous a fait expressément pour elle; nous y sommes sous ses lois et sous sa protection; mais si nous la quittons une fois, ce n'est pas

sans danger que nous voudrons la reprendre. Abandonner Dieu alors, c'est vouloir
qu'il nous abandonne.

Étant à Dresde, et causant avec un seigneur saxon sur la singularité d'un roi catholique gouvernant un peuple luthérien, je
lui demandai si la bonté connue du Roi ne
le portait pas quelquefois, par condescen-
dance, à retrancher auprès de ses sujets luthériens quelque chose de ses devoirs de
catholique; je compris à sa réponse que
toute la Saxe luthérienne serait désolée que
son roi catholique ne remplît pas dans toute
son intégrité ses devoirs catholiques. Dans la
supposition où notre monarque eût embrassé
la vie dévote, je puis dire de même que la
France chrétienne serait désolée que, par con-
descendance pour elle, il ne remplît pas tous
les devoirs qui appartiennent à la vie dévote.

Dans le fait, la présence royale à nos
spectacles est la chose du monde la moins
nécessaire. Soigner à l'intérieur du palais
nos jeux, nos amusemens; veiller à ce qu'il
s'y observe de l'ordre et de la décence,
voilà tout ce qui convient à une autorité
royale et paternelle. Et cependant il m'a

convenu de m'appesantir sur cet exemple, comme étant une preuve de plus de ce ressort de l'ame, de ce pouvoir de résistance avec lequel un enfant de saint Louis, à l'imitation de son auguste aïeul, a su se défendre dans ce sujet délicat de l'exagération des prêtres, auxquels on pourrait le croire subordonné.

Ce n'est pas en ce point seul. L'ame ferme du monarque ne se décèle pas moins dans la doctrine que dans la conduite.

A Dieu ne plaise que je veuille inculper les intentions d'un prélat aussi recommandable par ses vertus que par ses lumières, je veux parler de M. l'Archevêque de Paris ; et cependant je suis obligé de dire que dans le trait que je vais rapporter il s'est écarté des convenances autant que de la vérité. La France a entendu avec stupéfaction un prélat dire au roi, en face, à l'occasion du sacre : *Sire*, *la consécration royale que Votre Majesté vient de recevoir aura la double vertu de vous faire régner avec sagesse, et de nous faire obéir avec bonheur:* ce qui implique qu'avant le sacre les Français n'obéissaient pas avec bonheur, et que le Roi ne régnait pas avec sagesse.

Avec autant de justesse que de dignité, le Roi répond : *M. l'Archevêque, le sacre me donnera de nouvelles forces.*

Toutes les vérités de la religion sont dans cette réponse du Roi ; toutes les erreurs du temps dans le discours de M. l'Archevêque. Les préposés à la religion qui veulent *tout* faire, ont leur raison pour nous dire que la religion fait *tout*. Mais comme *celui qui nous a fait sans nous, ne nous sauvera pas sans nous,* ce *nous* qui entre dans toutes nos actions, demeure, quoi qu'on fasse, notre apanage. Il compose la liberté de nos consciences, la spontanéité de nos actions, première prérogative, première dignité de l'homme.

Après avoir établi que les exemples cités précédemment ne s'appliquent point à la conduite particulière du Roi ; cependant, comme je ne les ai cités que parce qu'ils se rapportent à quelque chose de sa position, il me reste à montrer sur quelle partie frappe cette application.

Les peuples auprès de leur souverain éprouvent toujours dans leur obéissance deux sortes d'impressions : l'une, du carac—

tère propre de cette obéissance ; l'autre, de ses conséquences. Il me semble qu'ils peuvent subir une obéissance qui est dure, pourvu qu'en même temps elle soit noble et qu'elle les conduise à un but qu'ils connaissent et qu'ils affectionnent. Si l'obéissance est honteuse, si elle est de nature à faire craindre une déviation plus ou moins prochaine du but qu'elle doit avoir pour objet, eût-elle les formes les plus douces, elle pourra devenir insupportable, occasioner des murmures, bientôt des résistances.

J'attache un grand prix à cette définition de l'obéissance ; je demande à cet égard un peu d'attention.

J'ai déjà cité, plus d'une fois, l'exemple du roi de Saxe, parce que sa situation est toute propre à faire comprendre ma pensée. Le roi de France n'est point comme lui d'une religion différente de la religion de ses sujets, mais il règne sur un pays qui admet la liberté des cultes. Son gouvernement a donc pour règle de ne pas inquiéter cette liberté, comme le roi de Saxe de ne pas inquiéter la croyance luthérienne. Ainsi la religion catholique que professe ce monarque peut avoir

donné quelquefois des exemples d'intolé-
rance; mais le monarque, soumis comme
chrétien, sait qu'il ne doit pas l'être comme
souverain. En ce point, personne ne doute
de sa fermeté et de sa loyauté. Cependant,
qu'on me permette une supposition.

Roi catholique, il a de nombreux amis
catholiques. Peu à peu ces amis catholiques
circonviennent sa personne et remplissent
sa cour. Peu à peu les grands offices sont
donnés à des catholiques. C'est d'abord l'administration des postes, bientôt la police
de la capitale, ensuite celle de tout le
royaume. A la fin congrégation, moines de
toute couleur et de toute espèce, prédica-
tion, mission; c'est une invasion générale.
A ce spectacle la contrée, qui se voit saisie
par ce mouvement nouveau, commence à
s'alarmer. Dans le Roi sans doute ce sont
toujours les mêmes sentimens; ce n'est pas
assez. Comme dans sa position et dans la
position des choses autour de lui tout
change, l'obéissance s'inquiète; de toutes
parts elle murmure.

Telles sont les dispositions de l'obéissance,
quand elle a lieu de craindre, de la part de

l'autorité, une déviation du but qu'elle affectionne, et qu'on commence à lui faire perdre de vue.

J'ai annoncé dans l'obéissance d'autres dispositions qui proviennent de la honte. Celles-là ne sont pas moins fâcheuses. Ceci a besoin d'une explication particulière.

A cet âge délicat, où un petit être qui n'est plus tout-à-fait enfant, n'est pas encore tout-à-fait jeune homme, si sa gouvernante qui avait l'habitude d'être auprès de lui, prolonge trop long-temps ses fonctions, l'autorité de celle-ci aura beau être douce, ses soins bienfaisans, ces soins et cette autorité pourront devenir importuns.

Qu'y a-t-il de plus obéissant qu'un soldat? L'autorité qu'il a à subir est quelquefois dure. Il la subit toutefois parce qu'elle est noble et qu'elle a un grand objet. Qu'on fasse venir à la parade des Tuileries pour la commander, non plus tel ou tel maréchal de France avec leurs insignes militaires, mais M. le chancelier de France en simare, ou M. le premier président de la Cour royale en robe rouge. Ce n'est pas tout: qu'un colonel lui-même imagine de venir un jour en habit bourgeois commander l'exercice à son régiment. Il verra.

Il faut le dire franchement : l'obéissance aujourd'hui en France présente ces deux sortes d'impressions. Avec des formes douces, d'un côté elle semble ne pas conduire au but que tout le monde affectionne; d'un autre côté, elle se présente avec des formes qui font souffrir. Si la France qui est chrétienne, mais qui ne veut pas être dévote, se trouve sous un roi qu'on dit dévot, circonvenue par des hommes de la vie dévote; de cette manière elle sera dans la position que j'ai décrite de la Saxe luthérienne, qui, sous un roi catholique, se remplirait d'une prépondérance catholique. Par tout le manége d'aujourd'hui, la liberté des consciences et la spontanéité des actes religieux sont menacées; la sécurité, relativement à nos libertés civiles et politiques, l'est encore davantage.

Lorsque l'obéissance est ainsi inquiète dans son objet, si la honte vient la flétrir encore par ses accompagnemens, comment pense-t-on qu'elle pourra se supporter ? Qu'on y fasse bien attention ! La France a pu s'accommoder du joug de Louis XIV, tout entouré qu'il était de Bastilles et de dragonnades ; ce joug était tout éclatant de conquête et de gloire ; de plus, c'était le prince même et de toute sa hauteur qui l'imposait.

A une autre époque, lorsque la France humiliée du joug de quelques hommes de loi, se décida à passer sous celui d'un homme de guerre, la dureté de ce nouveau joug, imposé par une grandeur individuelle, offrit pour compensation un grand éclat.

Il ne reste plus qu'à faire l'application de ces exemples. Aujourd'hui le Roi, paré de toute sa grandeur personnelle, du lustre de sa race et de celui de la légitimité, veut-il imposer à la France son propre despotisme !.... je dirai plus ! même le gouvernement féodal qu'elle a en aversion ! Ce sera difficile , et cependant je ne dirai pas que cela soit impossible.

D'abord, c'est qu'auprès des princes, comme auprès des femmes, il y a dans le *servage* des compensations nobles de dévouement et d'amour. Ensuite, c'est qu'à l'égard du gouvernement féodal même, il y a dans ce régime antique, tout inapplicable qu'il soit aux temps présens, des parties d'éclat et de grandeur qui offrent une balance. En vérité je ne voudrais pas répondre que le rétablissement des tournois n'amusât beaucoup tout le peuple de Paris, et que les dames, si le costume antique leur allait bien, ne raffolassent de ce spectacle.

Dans le cas présent ce n'est pas ça. Il n'est question ni de joutes ni de tournois; il n'est question ni d'éclat ni de gloire; l'obéissance ne semble pas même appartenir au Roi. Il a beau paraître seul sur la scène avec les insignes de son autorité les coulisses sont supposées remplies de prêtres qui dirigent cette autorité.

Ces prêtres peuvent mettre tant qu'ils voudront dans leur conduite ce qu'ils appellent de la prudence ou de l'habileté. Ils pourront s'effacer en apparence, ne jamais agir eux-mêmes, mais seulement faire agir; on les devinera. On peut juger ce qui se passe au palais par ce qui se passe chaque jour dans nos demeures. Dès qu'un curé a gagné la confiance d'une maîtresse de maison qu'il ne regarde pas comme assez chré-

tienne, aussitôt, si elle est mère de famille, il
en fait une sainte Monique obligée à la conversion d'Augustin ; épouse, il en fait une
Clotilde obligée à la conversion de Clovis.
Si c'est le père de famille dont il a la confiance, il opère par lui d'une manière plus
absolue ; c'est un maître obligé à la conversion de toute sa maison.

Auprès du monarque c'est le même système ; selon les prêtres il a l'épée de Constantin, et alors, comme nous l'avons vu, on
lui dit : *Gladium gladio copulemus*. On dira
de même au peuple quand il en sera temps :
« Que ceux qui n'ont pas la foi assez vive
» pour craindre les coups invisibles de notre
» glaive spirituel, tremblent à la vue du
» glaive royal ! »
Tel est dans tous les temps, soit auprès
des rois soit auprès des peuples, l'attitude
des prêtres. Dans cette guerre d'une singulière espèce, la ruse leur est aussi bonne
que la force. S'attribuant tout droit, ils appellent prudence, c'est-à-dire du nom d'une
vertu, le sursis qu'ils veulent bien accorder
à cet égard aux rois et aux peuples. Mais
toujours en védette pour épier le moment,

ils temporisent quelquefois, ne se désistent jamais.

Ce serait déjà beaucoup de la haine qu'ils font naître de cette manière contre eux, et par reflet contre la religion dont ils sont les ministres; les autorités publiques qui sont ou volontairement ou servilement leurs complices, en éprouvent les effets. L'autorité royale, la grande autorité, ne peut manquer d'en être atteinte.

Les subterfuges à cet égard font peu de chose. Je suppose que l'aumônier zélé d'un régiment, au moyen de la confiance qu'il s'est acquise auprès du colonel, obtînt de lui envers les soldats une multitude de règles de dévotion insolites, il aurait beau se mettre à l'écart, il serait bientôt deviné; et le colonel et l'aumônier n'auraient plus qu'à partager ensemble la haine qu'ils auraient provoquée. J'avais à expliquer la cause d'une certaine décadence dans la popularité du Roi. Cette cause n'est pas en lui; pour lui tout amour, tout respect, tout honneur; la cause est dans les choses qui l'obsèdent et dans les personnages qui l'entourent.

CHAPITRE IX.

CONTINUATION DU MÊME SUJET ; RÉSULTAT FINAL DE LA CONDUITE ACTUELLE DES PRÊTRES.

On m'objectera que cette continuité d'incriminations relativement à la conduite particulière d'une classe d'hommes généralement respectables, peut établir contre eux des préventions fâcheuses. Mais si mon accusation se trouve fondée, c'est aux prêtres à savoir ce qu'ils ont à faire. Toutes les classes quand elles s'écartent de leur sphère sont dans le même cas. La noblesse, la magistrature, l'armée, la bourgeoisie, le commerce ont reçu souvent de semblables inculpations qu'elles ont supportées. Quand ces classes, au lieu de conserver leurs nuances propres, se mettent à les confondre, elles deviennent par cela seul l'occasion d'une multitude de comparaisons injurieuses. Si un jour, moraliste comme La Bruyère, ou poëte satirique comme Boileau, je me mets à m'élever contre les manières soldatesques que pourraient prendre certains magistrats; un autre jour, contre le ton pédant et magistral que pourraient prendre certains militaires; un autre jour, contre le ton efféminé de certains jeunes gens; un autre jour enfin, contre le ton cavalier de certaines dames : cela signifierait-il que j'ai voulu insulter l'armée, la magistrature, tout le beau sexe?

Il en est de même des prêtres. Lorsque voués, comme ils doivent l'être, à la penitence et à la prière, ils exercent dans les églises leur ministère de charité et de sainteté, ils ont mon obéissance et ma vénération. Portés comme aujourd'hui dans les académies, dans les colléges, dans les conseils-d'Etat, dans les corps politiques, est-ce ma faute s'ils y sont déplacés? De jeunes élèves en chimie et en médecine se sont pris à rire, lorsqu'ils ont vu arriver dans leurs amphithéâtres des ecclésiastiques en soutane; ils auraient bien plus ri, s'ils y étaient venus en surplis. Monseigneur, vous venez de quitter la chaire de vérité; vous nous y avez prêché les vérités les plus austères; actuellement vous voilà dans le salon des ministres, jouant avec votre croix d'or, donnant la main aux dames : comme c'est gracieux ! comme c'est joli ! Fi donc !

Cette douleur qui provient en moi d'un sentiment profondément blessé, vous ne voulez pas croire que ce soit du respect, vous voulez croire que c'est du dénigrement : je ne sais qu'y faire.

Malheureusement cette immersion du prê-tre dans les choses du monde, dans ses mi-sères, dans ses futilités, outre qu'elle a pour effet d'abaisser son caractère, et par-là même de diminuer envers lui et envers la religion le respect si nécessaire des peuples, a encore celui de troubler l'Etat, d'y mettre sans cesse en contact, et par conséquent aux prises, des autorités qui, pour être paisibles, doivent le moins possible se toucher et se rencontrer. On a beau, avec toutes les tergiversations possibles, vouloir voiler aux yeux des rois et des peuples la supériorité de la puissance spirituelle, cette supériorité est d'une telle évidence que malgré tout l'artifice qu'on peut employer, il en résulte une dégradation du sacerdoce, si se mêlant aux choses du monde, il ne sait pas y conserver sa hauteur; ou une dégradation de l'autorité, si elle consent à perdre la sienne.

Que les nuances à cet égard soient plus ou moins mitigées; que les formes du respect envers le trône soient plus ou moins observées; elles l'étaient aussi lorsque, sous la première race, parvenus de degrés en degrés jusqu'à la puissance souveraine, les maires du palais se prosternaient chaque jour aux pieds de nos rois qu'ils détrônaient. Que signifie le respect qu'on affecte de même aujourd'hui pour le monarque, si ce respect au lieu de profiter à la puissance, n'est qu'un artifice de plus pour l'endormir et pour l'envahir?

Lorsque la fidélité, qui aperçoit cette manœuvre, recueille toutes ses forces pour en repousser les effets; si, d'un autre côté, tournant ses regards vers la royauté et vers ses serviteurs, elle y trouve, non des appuis, mais des obstacles; non des hommes armés contre ce mouvement, mais au contraire des affidés et des complices; quelle espérance peut-il lui rester?

Je crois avoir déjà fait l'observation suivante. Il me convient de la répéter.

Dans le délabrement de l'empire romain, dévasté par les peuples du Nord, lorsque les empereurs établis à Constantinople n'avaient plus à l'égard de Rome aucun moyen de protection, que les peuples se soient réfugiés sous l'autorité la seule respectée, celle des pontifes ; qu'il soit résulté peu à peu de ces nouveaux rapports, et bientôt de la situation de l'Europe un nouvel empire, une nouvelle domination, il n'y a rien suivant moi à imputer aux papes ; ils ont été des bienfaiteurs et des sauveurs.

Relativement aux premiers temps de la France, lorsque par l'effet des guerres et des dévastations de tout genre, et même dans des temps postérieurs, lorsque par l'effet du mouvement des croisades, il n'y a plus eu dans notre patrie d'autres personnages instruits que des clercs; que ces clercs soient entrés dans tous les offices, qu'ils se soient emparés ainsi d'une grande partie de la domination civile ; je les remercie au lieu de les accuser.

En ce moment même, je pourrais dire la même chose à l'égard d'une grande partie du clergé ; à la suite d'une révolution qui a tout bouleversé, que dans cet espace vide de nos anciennes institutions, le clergé ait cherché et cherche encore à occuper un grand espace; c'est à la société, si elle est ce qu'elle doit être ; c'est au gouvernement, s'il a un peu de prévoyance, à faire ce qui est convenable. Le prêtre, lui, qui avant tout n'a à s'occuper que du salut des ames, fera tout ce qui est en son pouvoir pour agrandir et étendre ses moyens.

Dans une affaire de sépulture, sous Louis XVIII, on porte plainte au gouvernement contre le curé qui refuse d'ouvrir son église; le gouvernement ordonne, et le curé obéit. Récemment on s'adresse pour un cas semblable au gouvernement qui déclare n'avoir aucune autorité.

Sous l'ancien régime, avec nos lois et la jurisprudence établie, un curé qui se serait permis de refuser la communion à la Sainte-Table eût été poursuivi juridiquement. Aujourd'hui les cours sont muettes, le gouvernement tolère les abus ou les protége, les journaux qui sont à sa disposition les préconisent : c'est à merveille !

Dans ce cas, ce n'est certainement pas le

prêtre que j'ai à accuser, ce n'est pas lui qui ira s'occuper du droit des citoyens. « Je me mets peu en peine, nous dira-t-il, de vos droits ou de vos attributions temporelles. Ma mission à moi, est l'Eternité. Si en exerçant telle ou telle rigueur, en jetant dans la société telle ou telle crainte, je parviens à intimider le pécheur, à encourager le juste, à diminuer les délits, j'ai rempli ma mission ; homme de l'Eternité, je ferai tout ce que les hommes du temps me laisseront faire ! » Voilà ce que dira le prêtre ; et ce sera un bon prêtre.

Cette excuse du prêtre qui me paraît tout-à-fait acceptable, ne l'est point envers les serviteurs de la royauté. Il faut le dire franchement ; ce sont les vrais coupables.

J'ai parlé précédemment des faveurs accordées par Louis XVIII à un prélat qui avait été improuvé par la Chambre des pairs ; j'ai cité aussi les grâces et les faveurs conférées à un autre prélat à la suite de deux inculpations graves. Il y a des personnes pour lesquelles ces circonstances sont peu de chose. Je les prie de porter leurs regards sur le faîte de l'hôtel de la Marine : il y a là une machine en apparence matérielle, qui, en remuant ses membres d'une certaine manière, exprime d'un bout de la France à l'autre les pensées et les volontés du gouvernement.

Les grâces du prince, ses sourires, ses faveurs rapportées par le Moniteur, ont pour toute la France la même expression et le même effet.

Sans doute on a pour se rassurer, la sagesse actuelle du monarque, les dispositions connues de tout ce qui lui appartient, et encore si on veut la majorité établie des deux assemblées ; je dirai plus, on peut se fier aux sentimens connus de certains personnages du temps, encore qu'ils soient imprégnés de dispositions fâcheuses : ces personnes, sont en même temps pénétrées de fidélité envers le Roi. Dans des temps à venir, cette fidélité aura-t-elle la même énergie ? Les Bonald, les Marcellus, les Lamennais de la génération qui va suivre ressembleront-ils tout-à-fait à ceux d'aujourd'hui ? Du côté du prince, la volonté présente est ferme. Sous un autre règne, si la vieillesse qui a affaibli la grandeur de Louis XIV venait à affaiblir une autre grandeur, que deviendrions-nous ?

J'ai montré ailleurs comment le soldat valeureux, qui fut mis à la tête de la France, pouvait de notre fonds antique faire ressortir de nouvelles formes. Aux premiers momens de la restauration, pourquoi cette œuvre manquée n'a-t-elle pas été reprise ? elle ne l'a pas été du tout. N'apercevant partout que des ruines, le pouvoir s'est précipité vers la religion et le clergé qui lui ont paru sa seule ressource. Il n'a pas fait attention qu'à cette époque les institutions religieuses, quoique rétablies dans les vues de l'usurpation, étaient rétablies pourtant. Quelques amendemens étaient nécessaires sans doute. Du reste, au milieu du néant dont on était entouré, c'étaient les institutions religieuses qui pressaient le moins. Point du tout; c'est de ce côté que toutes les forces se sont tournées : l'arbre a porté son fruit.

Je peux l'avoir déjà dit, je le répéterai encore : dans le mouvement d'un grand Etat, où la puissance temporelle, protectrice de tous les intérêts, a à protéger nos intérêts religieux par-dessus tous les autres, il est inévitable que le monarque n'appelle quelquefois auprès de lui les princes de la vie spirituelle. La cour des pairs en Angleterre fait entrer de même momentanément dans son enceinte un certain nombre de grands juges qui l'éclairent sur les formes du droit; mais ce n'est que momentanément; elle se garde bien de les constituer en office permanent, et d'en faire une puissance.

Que dans les choses ecclésiastiques, des ecclésiastiques aient besoin de conférer entre eux sur des règles à établir; que le prince de son côté, appelle dans les mêmes circonstances des prélats auprès de lui, c'est ce que personne ne veut contester : le tout, sauf à soumettre ces règles ecclésiastiques, pour leur exécution, à la puissance publique, et à leur faire subir dans les grands conseils d'Etat préposés à ces sortes d'affaires, l'examen qui est nécessaire.

On croit n'avoir à prendre de précautions que contre ce qui est méprisable, contre ce qui est odieux. Au contraire c'est contre ce qui est aimable et honorable. Avec les grâces dont elles sont ornées et le respect qu'on leur porte, si les femmes prennent quelquefois trop d'influence; si elles parviennent quelquefois à s'emparer de la vie civile, au point que des ambassadeurs écriront dans leurs dépêches : « Je puis me débarrasser » des affaires, je ne sais comment me débar- » rasser des femmes ; » à plus forte raison pourra-t-on arriver à ce point, que les princes et les ministres ne sauront plus comment se débarrasser des prêtres.

Si vous n'avez pas de religion, les prêtres ne vous seront certainement pas un obstacle : mais si vous êtes religieux, comment refuser quelque chose à des hommes qui disposent non-seulement d'un bonheur passager ici-bas, mais de tous les biens d'une autre vie ? c'est précisément ce qu'un souverain disait à un saint pape : *Que puis-je refuser à vous à qui, par Dieu, je dois tout ? (Nihil negare possum cui per Deum omnia debeo.)*

C'est ainsi que les rois, les princes et les magistrats qui, au milieu des orages du monde, ont cru faire beaucoup pour leur vertu en résistant à la séduction des femmes, peuvent finir par tomber et par faire tomber tout ce qui leur appartient dans la séduction des prêtres.

QUATRIÈME PARTIE.

DES MOYENS

QUI EXISTENT DANS NOS LOIS ANCIENNES ET DANS NOS LOIS NOUVELLES POUR COMBATTRE LE SYSTÈME ET LE RÉPRIMER.

CHAPITRE PREMIER.

CORPS DU DÉLIT ET CARACTÈRES DU DÉLIT.

DANS une cause aussi grave que celle qui est l'objet de cet écrit, j'avais à établir avant tout les points de fait, d'où sortent comme d'autant de sources les dangers que je signale. On a vu ainsi, 1° l'existence d'une congrégation dont le système tantôt religieux, tantôt politique, tantôt mélangé de ces deux caractères, quelquefois mystérieux, quelquefois à découvert, quelquefois s'enfonçant dans les ténèbres, quelquefois se montrant au grand jour, a fini par embrasser la France entière, ou au moins s'est étendu comme un réseau sur tous les corps, sur toutes les combinaisons, sur tous les mouvemens qu'elle cherche à envelopper.

On a vu, 2° l'existence d'une société monastique instituée, selon les uns, pour prévenir ou pour abattre le protestantisme qu'elle n'a ni prévenu, ni abattu; selon les autres, pour prévenir ou pour abattre, par l'éducation, un système philosophique irréligieux qui, au contraire, est sorti de ses écoles et de son sein; société réprouvée à sa naissance par la Sorbonne qui, après avoir examiné ses statuts, l'a déclarée *plus faite pour la destruction que pour l'édification (magis ad destructionem quàm ad œdificationem)*; société fléau de la France et de l'Europe pendant plusieurs siècles, par sa doctrine, par ses intrigues, par ses attentats; et que tous les souverains et tous les magistrats à la fois se sont réunis pour exclure des États policés.

On a vu, 3° l'existence d'une secte ouvertement séditieuse et félonne, occupée de transporter, par tous les moyens de doctrine qui sont en son pouvoir, à un souverain étranger établi par-delà les monts, d'où elle a été appelée *ultramontaine*, tout ou partie des droits de souveraineté acquis à Sa Majesté Charles X notre bon roi, ainsi qu'à ses successeurs.

On a vu, 4° l'existence d'un système fortement ourdi et opiniâtrement poursuivi par une partie considérable du clergé, à l'effet de revendiquer tantôt contre l'autorité royale, tantôt contre nos libertés sociales, une domination qui ne lui appartient en aucune manière. Médiateur entre Dieu et nous, lorsque notre amour vient lui apporter dans le temple notre culte et nos respects, médiateur encore entre Dieu et nous, lorsque notre douleur vient lui apporter notre repentir et nos misères, le prêtre s'attriste de ce double ministère qui lui paraît petit et insuffisant; il prétend au domaine de la jeunesse par l'éducation, et à celui du reste de la société par toutes les règles qu'il lui conviendra d'établir : il ne lui suffit pas d'être appelé comme ange de bénédiction aux baptêmes, aux mariages, aux sépultures, il prétend en être l'ordonnateur et l'arbitre.

Le système qui paraît épouvantable considéré dans chacune de ses parties prises à part, et qui, considéré dans son ensemble, devient plus épouvantable encore, on le défend avec habileté par plusieurs considérations religieuses ; on le défend aussi par diverses considérations politiques. Il a fallu examiner attentivement et impartialement les unes et les autres ; à la fin il a été impossible de ne pas voir que le plan de défense est aussi faux que le plan de conduite ; que ce plan adapté à l'état particulier social qui s'est formé par la révolution, et qui s'est conservé jusqu'à nos jours, aggrave les vices de cet état, au lieu de les adoucir ; que l'invasion actuelle des prêtres dans le vide actuel de notre constitution civile, présentée comme un bienfait, est un fléau qui dénature tout à la fois et l'ordre social et l'ordre religieux ; l'ordre social, en ce qu'il doit être régi par des lois sociales ; l'ordre religieux, en ce qu'il périt au moment où s'attachant à la terre il se sépare du ciel auquel il est destiné.

Par ces considérations, j'ai dû entrer plus
que je n'aurais voulu dans l'examen du caractère du christianisme et de celui de son sacerdoce; j'ai pu, avec plus de liberté, traiter
les rapports de la religion avec la morale,
de la morale avec la société. Alors j'ai été
amené à montrer comment par son alliance
forcée avec une puissance d'une nature supérieure, l'autorité royale se trouvait d'un
côté ternie et abaissée; d'un autre côté
comment l'obéissance, altérée dans ses principes, pouvait se trouver affaiblie. J'ai montré
comment les peuples qui supportent un joug
dur et glorieux peuvent s'impatienter d'un
joug qui aurait de la douceur, lorsque ce
joug présente quelque chose de honteux.

Ce que j'ai établi à cet égard par la théo-
rie, je l'ai justifié par les faits. J'ai cité
l'exemple actuel du meilleur des rois, de
celui qui d'un côté a donné aux Français
le plus de gages de sa bonté et de sa loyauté,
qui d'un autre côté a donné le plus de preuves d'un caractère élevé, résistant et ferme,
et qui cependant, en cela seul qu'on le voit
circonvenu de tous côtés par des moines,
par des prêtres, ainsi que par les hommes

de la vie dévote, attriste toute la France chrétienne, qui ne veut être que chrétienne ; attriste aussi la France politique, qui veut conserver son régime constitutionnel, et qui, avec une garde de jésuites, de congréganistes et d'ultramontanistes, s'obstine à croire sa Charte et sa liberté en danger.

En point de raisonnement comme en point de fait, si j'ai réussi à mettre en évidence l'ensemble de cette situation, j'espère avoir fait partager aux jurisconsultes que j'invoque, une partie de mon effroi ; et alors je pourrais leur paraître excusable de chercher dans leurs lumières, ainsi que dans les lois et auprès des magistrats de mon pays, quelques secours en faveur de la religion qui va périr, de la société qui va être bouleversée, de la monarchie qui va crouler. Les artisans de ces calamités auront beau se prévaloir contre moi de leurs vertus, de leurs lumières, de leurs intentions ; par eux, le roi, la religion et la société vont périr. C'est assez pour que je m'oppose à leurs trames.

Je me sers du mot *trame ;* je puis employer de même celui de *conspiration,* laquelle n'est autre chose qu'une aspiration concertée de la part d'un certain nombre d'individus pour arriver à un but.

Ces trames ou cette conspiration, en cela seul qu'elles tendent à un objet final pernicieux, doivent attirer l'attention des magistrats et exciter leur répression, quand même elles emploieraient pour parvenir à leur fin des moyens licites. C'est ici un des premiers points de l'accusation. Si on croit que les congrégations, l'institution des jésuites, la doctrine de l'ultramontanisme, les prétentions des prêtres, sont des choses admises par les lois, elles n'en seraient pas moins accusables, comme devant avoir des conséquences funestes. Il est défendu d'aller au mal par quelque route que ce soit.

Dans ce cas, cependant, tout dépend de la manifestation plus ou moins évidente, plus ou moins établie de l'objet final que présentent des démarches licites; ce qui peut occasioner des dénégations et des contestations. Dans l'espèce présente, on ne peut avoir recours à ce subterfuge, et c'est ici le second point de l'accusation. Les moyens qu'emploie le système ne sont pas moins illicites que leur objet. L'accusation a alors à frapper dans les moyens comme dans le but.

A ce mot de trame et de conspiration, imputations faites aux personnes les plus respectables, les plus religieuses, les plus fidèles, on s'étonne, et on a droit de s'étonner; c'est faute de faire attention aux caractères divers qui appartiennent aux choses de ce genre.

Quelquefois les conspirations sont tramées dans un esprit de haine ouverte; c'est le prince que les conspirateurs veulent franchement détrôner ou assassiner : le sénat se remplit alors de poignards cachés sous les toges. Quelquefois les conspirations sont prises dans un esprit de haine prudente et dissimulée; enfin, elles peuvent l'être dans un esprit de zèle et d'aveuglement. Certes, pendant trois ans, ni l'Assemblée constituante, ni les jacobins de la rue Saint-Honoré, ni leurs nombreux affiliés, n'ont dit qu'ils voulaient détrôner ou assassiner Louis XVI. Au contraire, ils n'ont cessé de publier (et le plus grand nombre l'a pensé) que par leurs œuvres, le trône serait de plus en plus consolidé. Des hommes respectables

de ce temps auraient pu me dire alors :
« Monsieur l'accusateur, à qui en voulez-
» vous ? Dans votre liste des conjurés, nous
» trouvons un prince du sang poussé par
» tous les sentimens de son éducation et de
» sa naissance, à être le soutien du trône ;
» nous trouvons deux archevêques, dont
» l'un , occupé toute sa vie à combattre
» l'incrédulité , n'a cessé d'être un mo-
» dèle de piété et de vertu, dont l'autre,
» d'un esprit élevé, n'a cessé de se rendre
» recommandable par son honnêteté et par
» sa fidélité ; nous trouvons de grands per-
» sonnages qui appartiennent au service du
» prince et qui sont habituellement dans sa
» familiarité ; nous trouvons l'avocat le plus
» célèbre du clergé qui, pendant toute sa
» vie, a été occupé de ses intérêts, et qui
» tout récemment encore a pris solennelle-
» ment sa défense ; enfin, nous y voyons
» l'illustre, le bon, le vertueux Bailly. Al-
» lons, Monsieur l'accusateur, faites-nous
» grâce de votre accusation. »

Je n'ai sûrement pas besoin aujourd'hui
de répondre à ces allégations. Il me suffit
d'en tirer la conséquence suivante : c'est

que des conspirations, qui, dans peu, vont se trouver régicides dans leurs effets, ont pu originairement être innocentes : que sais-je? peut-être même vertueuses dans l'intention de leurs auteurs.

Aujourd'hui, comme en 1789, la trame qui existe présente une perspective funeste; aujourd'hui comme alors elle tient des voies détournées et prohibées par les lois. Aujourd'hui comme alors il faut l'attaquer.

Cependant comment l'attaquer?

CHAPITRE II.

DE L'ACTION DES LOIS ET DES MAGISTRATS RELATIVEMENT
AU SYSTÈME.

Un noble et célèbre pélerin, traversant les déserts de la Laconie, se met tout-à-coup à crier : Léonidas ! Léonidas ne lui répond pas ; il est enseveli depuis des siècles dans la poussière avec les lois et les libertés de son pays ; et moi aussi pélerin dans la vie, je veux appeler dans mon désert les vieilles lois de ma patrie ; qui me dira où elles sont, et si elles peuvent encore me répondre !

Si je tourne mes recherches vers nos anciens monumens, les *fleaux* que je signale ne me paraissent point une nouveauté qui aurait échappé à la prévoyance législative ; dans d'autres temps la sagesse publique a, à cet égard, pris des précautions. D'anciens arrêts du parlement, et notamment un arrêt de 1760, se rapportant aux conciles et aux anciennes

lois du royaume, ont supprimé les congrégations; en 1763, un autre arrêt du parlement
de Paris, suivi de plusieurs arrêts des autres
parlemens du royaume, sanctionnés par une
ordonnance du roi, a supprimé l'ordre et
l'institution des Jésuites. Un grand nombre
d'autres arrêts, édits et ordonnances ont prescrit l'enseignement des quatre articles de la
Déclaration du Clergé de 1682; une multitude d'autres arrêts, dans la question des
mariages, des baptêmes, des sépultures et
de l'administration des sacremens, sont consignés de même dans les anciens recueils
des lois civiles et canoniques. Il semble dès-
lors qu'il ne peut plus y avoir rien de douteux, relativement aux infractions que j'accuse, et qu'il n'y a plus qu'à énoncer les lois
et dénoncer les infractions. Pas du tout, d'un
côté on me dit que toutes ces lois sont péri-
mées; d'un autre côté, que les cours royales,
telles qu'elles sont aujourd'hui composées,
sont incompétentes pour les appliquer.

Relativement aux lois, elles sont sans doute,
ainsi que toutes les institutions des hommes,
susceptibles de vicissitudes. Des lois anciennes
peuvent être abrogées par des lois nouvelles.

Elles peuvent aussi tomber en désuétude ; en est-il ainsi des lois que j'ai mentionnées ? ce ne pourrait être que par l'effet des lois révolutionnaires et des décrets de l'Assemblée constituante, ou par l'effet de quelques lois impériales et des senatus-consultes organiques ; enfin en vertu de quelques dispositions émanées de la restauration et de la Charte. Je cherche avec soin dans ces divers monumens ; non-seulement je n'y trouve aucune dérogation aux lois dont il s'agit ; en certaines circonstances j'y trouve leur confirmation. D'un côté j'ai sur ma table un décret impérial du 28 février 1810 qui prescrit l'enseignement des quatre articles, et qui en ce point se réfère à l'ordonnance de Louis XIV ; d'un autre côté, j'ai le réquisitoire de M. Jacquinot de Pampelune et le jugement du tribunal qui s'est ensuivi. A une pratique constante, sous le gouvernement de Bonaparte, se joint la même observance sous la restauration. Dans aucun temps un ordre monastique nouveau, une congrégation, une corporation nouvelle n'a pu s'établir en France sans le consentement du souverain ; à plus forte raison un ordre monastique ancien frappé de réprobation.

Relativement aux cours royales, je n'ai point à contester qu'elles ne soient dans une position différente de celle des anciens parlemens. Elles n'ont comme ceux-ci ni droit de remontrance, ni la faculté des arrêts de réglement. N'ayant reçu aucun droit de concours à la législation, elles ne peuvent s'immiscer dans des polices nouvelles, mais dans tous les points où la législation est consacrée et où les polices sont établies, peut-on dire qu'elles n'ont aucun droit de les faire observer ? Sous prétexte que leurs vacations s'exercent le plus ordinairement sur des contentions individuelles ou sur des délits privés, peut-on dire qu'elles sont étrangères à tout délit public ? Dans quelques cas qui sont déterminés, elles peuvent n'avoir pas à s'occuper des actes des corps constitués ; mais les aggrégats d'individus qui prennent le nom de jésuites, sont-ils des corps, ont-ils une existence légale ? non certes ; les infractions que ces individus commettent contre les anciennes lois rentrent dès-lors dans la catégorie des délits individuels.

Il me semble en ce moment que je puis me

dispenser de discuter cette question. La Cour royale de Paris a prononcé dans deux arrêts célèbres , non-seulement qu'il y avait en ce genre des lois et des délits, mais encore elle a été sur le point de prendre l'initiative relativement à l'écrit ultramontain de M. Wurts qui avait été produit dans les débats. D'après cela , il semble que non-seulement dans cette affaire , mais dans toute affaire semblable, on peut espérer une solution.

Pas du tout. Dans l'affaire dont il s'agit , les magistrats ont eu beau prononcer ; après l'arrêt comme auparavant, les lois, les délits, les délinquans, les magistrats restent paisiblement en présence les uns des autres. Si pour tous les autres délits il en était de même, on pourrait dire que c'est l'âge d'or du crime. Une anarchie scandaleuse est ainsi mise à découvert ; de toutes parts , des intérêts vifs de famille sont excités; tout souffre , tout est en mouvement, à l'exception du gouvernement et des magistrats qui sont immobiles et impassibles.

Veut-on quelques exemples du trouble qui peut s'élever à ce sujet dans les familles?

Je suppose que mon fils se présente à moi pour me demander la permission d'entrer dans ce carbonarisme religieux, qui a autrefois enseigné le régicide, et qu'on nous présente aujourd'hui comme le meilleur appui des rois : que lui répondrai-je? Et si un autre de mes fils me révèle que dans le séminaire où il fait ses études, on a supprimé l'enseignement des quatre articles de 1682 ; s'il me dit que de peur de déplaire au pape, on a résolu de laisser dans le doute, et comme question de controverse, la doctrine des droits du pape sur le trône de Charles X; moi, Français, moi, royaliste, laisserai-je mon fils dans une telle école ? Non, certes. Mais alors que deviendra la vocation ecclésiastique à laquelle Dieu l'a appelé ?

J'ai cité les jésuites, ma pensée est certainement que c'est une institution odieuse, abominable. Je parle à cet égard le langage des lois qui l'ont proscrite. Cependant à l'engouement dont cette institution est l'objet, il peut arriver à la pensée d'un citoyen que c'est une institution recommandable ; et alors il a le droit de demander pourquoi des lois respectables, des lois terribles interdisent de s'y associer. Singulière situation que celle où le corps des citoyens se trouve placé comme dans un piége, entre les préceptes et les exemples, et où la fidélité au Roi et aux lois, ébranlée dans ses premiers principes, risque de perdre, nonseulement l'honneur qui lui appartient comme fidélité, mais encore en quelques cas, de subir le blâme public !

Une situation semblable peut-elle se conserver ?

CHAPITRE III.

DES MOYENS QUI RESTENT DANS LE ZÈLE DES CITOYENS.

S'IL ne s'agissait dans l'occurrence actuelle que de ces délits qui troublent légèrement la surface des sociétés, pâture des contentions ordinaires, je pourrais délibérer avec moi jusqu'à quel point il me convient de les ignorer ou de les dénoncer. Mais si, comme je l'ai établi précédemment, il résulte des délits que j'ai exposés un danger imminent pour le Roi, pour la religion et pour la société; si, comme je l'ai montré, ces délits tendent à établir une domination nouvelle dans la domination, à flétrir la religion, à abaisser et à dégrader les droits du trône; s'ils recèlent ainsi une conspiration flagrante et un attentat à la majesté royale, je n'ai plus à hésiter.

Par l'instigation des congrégations jacobines et de leurs affiliés, on sait comment

des opinions populaires, d'abord assez mo-
dérées, ont fini par devenir monstrueuses. A
l'aide des congrégations nouvelles et de leurs
affiliations de toute espèce, peut-on deviner
à quel point parviendra à se dépraver l'ancienne et admirable opinion royaliste? Hélas!
des millions de Français fidèles n'ont pu préserver Louis XVI du sort de Charles I, tant
était forte alors l'impulsion donnée aux opinions populaires; avec celle qui est donnée aujourd'hui aux opinions religieuses, des millions de Français fidèles parviendront-ils à préserver la France des événemens de Jacques II?
Je l'espère, encore que la dépravation placée autrefois dans des classes et des passions
subalternes ait gagné et les classes les plus
élevées et les sentimens les plus nobles : ce
qui à mes yeux en aggrave le caractère, selon l'axiome : *Corruptio optimi pessima.*

Pour un si grand mal, la liberté de la
presse, le droit de pétition, ressource qu'on
laisse communément aux citoyens, paraissent
des moyens bien faibles.

Dans l'état habituel de la société, la liberté
de la presse peut être un droit précieux. La
parole de l'homme ne s'élève pas seulement

alors pour faire du bruit; elle se répand comme une semence féconde, et va porter au loin ses fleurs et ses fruits. Mais dans les grandes crises des Etats, dans la pressure qu'elles établissent, avec la crainte et la servitude générale qui en ressortent, que peut faire la parole, si ce n'est de divaguer un moment dans les airs, comme la feuille de l'automne pour retomber ensuite morte sur la terre ?

On peut en dire autant du droit de pétition. Dans d'autres temps je ne douterais pas de l'effet de mes plaintes; je les porterais avec confiance aux mandataires de ma patrie. Dans celui-ci, où un art infernal est parvenu à circonvenir la pensée publique, lorsqu'une ténébreuse habileté dirigée par des hommes qui sont au plus haut de l'Etat est parvenue à amortir le scandale qui ressort des opinions qu'ils mettent en lumière ; qu'ai-je à espérer dans les deux assemblées d'une démarche qui rencontrera contre elle, en bataillons serrés, des volontés décidées, des volontés fortes, et qui n'aura pour elle, en rangs lâches et désunis, que des volontés incertaines et des volontés faibles !

Sous tous les rapports, encore que le droit de pétition soit un don précieux de la Charte, et qu'au temps présent même il puisse offrir éventuellement quelques secours , cependant, relativement au mal qui existe, c'est un remède insuffisant : qui sait! il pourrait être jugé même un moyen à contre-temps. Il est de principe qu'il ne doit être employé qu'après avoir épuisé les moyens juridiques.

Reste à examiner l'action qui peut compéter à un citoyen.

À Rome, tout citoyen était admis à rendre plainte d'un délit public. En France, encore que nous ayons emprunté des Romains une partie de notre législation, l'action civique a été restreinte ; ce n'est point en négligence de nos intérêts sociaux. « La partie publique, » dit Montesquieu, veille pour les citoyens ; » elle agit, et ils sont tranquilles. » A cet égard il y a une observation à faire.

Au temps où Montesquieu écrivait, la partie publique placée auprès des magistrats était une magistrature, c'était un office ; aujourd'hui c'est une commission. De cette manière, encore que l'honneur soit dans

toutes les professions, et surtout dans celle
des magistrats un grand préservatif, il n'y
a plus pour la société la même sécurité. En
effet, si un délit placé non comme d'ordinaire dans le centre du corps social, mais à
ses plus hautes sommités, se trouve avoir
pour fauteurs de grands personnages de
l'État, que pourra faire avec le nom pompeux
de procureur-général un simple commissaire
dépendant ?

Au surplus, ce n'est pas moi seulement
qui accuse ici la législation, on va la voir
s'accuser elle-même. Peu de temps s'est
écoulé depuis son origine, que reconnais-
sant la défectuosité de ses premières dispositions, une loi du 20 avril 1810 a attri-
bué par son article 11 aux cours royales
le droit, pour chacun de ses membres, de
provoquer la réunion des chambres, de dénoncer les délits publics, et de mander dans
leur sein le procureur-général.

Il y a eu ainsi quelque réparation apportée à la constitution défectueuse du ministère public. Je ne sais si par cela même
il n'y a pas, au moins quant au droit de
dénonciation, quelque innovation dans la

capacité juridique du citoyen. Il est d'autant plus nécessaire d'étendre à cet égard cette capacité, qu'à beaucoup d'égards la jurisprudence me paraît rigoureuse.

Le grand nombre des jurisconsultes paraît croire que l'action du citoyen, en ce qui concerne la plainte, se borne au délit particulier dont il reçoit le dommage. Mais d'abord la plainte qui est admise pour un délit dont je reçois le dommage, peut-elle être repoussée sous prétexte que ce dommage est éprouvé par un grand nombre? Comment! si un homme met le feu à ma maison, on veut bien me permettre de me plaindre ; si avec ma maison la ville entière est menacée, ma plainte ne sera pas admise?

Sans doute alors j'ai droit de recours au ministère public; mais si les matières inflammables d'une composition chimique nouvelle peu familière aux procureurs-généraux leur paraissent d'une nature innocente et peu faite pour attirer leur attention; ou si les prévenus sont d'une importance et d'une qualité telles qu'ils puissent imposer à la partie publique, quelle ressource me restera-t-il ?

Je la cherche dans la loi de 1810 que j'ai rappelée. Cette loi ayant investi tous les magistrats, *ut singuli*, d'une sorte de participation au ministère public, je me réfugierai vers ces magistrats ; je leur dénoncerai à eux-mêmes ce que j'ai dénoncé aux procureurs-généraux ; et comme le plus souvent ce n'est que par les informations et les dénonciations privées que ceux-ci sont à même d'exercer leur ministère , je me placerai auprès de tous les magistrats, *ut singuli*, dans la même situation , qu'auprès des procureurs-généraux , c'est-à-dire que je leur apporterai en *duplicata* l'ensemble d'accusations, d'informations et de pièces de conviction que j'aurai rassemblées.

CHAPITRE IV.

RÉSUMÉ.

Les plaintes et griefs exposés au présent Mémoire peuvent être réduits aux chefs suivans :

1°. Les quatre grandes calamités que j'ai signalées, savoir : la congrégation, le jésuitisme, l'ultramontanisme, le système d'envahissemeut des prêtres, menacent la sûreté de l'Etat, celle de la société, celle de la religion.

2°. Ces quatre grandes calamités ne sont point dans une espèce nouvelle qui aurait pu échapper à la surveillance ou à la précision du législateur : elles sont notées par nos anciennes lois et chargées de leur anathême.

3°. Ces anciennes lois ne sont ni abrogées, ni tombées en désuétude ; elles sont dans leur pleine et entière vigueur : elles sont confirmées en plusieurs cas par les lois nouvelles.

4°. L'infraction portée à ces lois constitue un délit.

5°. Attendu que ce délit menace la sûreté du trône, celle de la société et de la religion, il se classe parmi les crimes de lèse-majesté.

6°. Par sa qualité de délit contre la sûreté de l'Etat, l'action en dénonciation civique n'est pas seulement ouverte, elle est commandée.

7°. Dans l'ordre juridique, l'action en dénonciation peut être portée par-devant le procureur-général, comme chargé spécialement du ministère public : aux termes de la loi du 20 avril 1810, elle peut être portée aussi concurremment par-devant tous les magistrats des Cours royales.

8°. Dans l'espèce, les dénonciations soit aux procureurs-généraux, soit aux présidens et aux magistrats des Cours royales, me paraissent devoir être faites, non à une seule Cour royale en particulier, mais à toutes les Cours du royaume à la fois, en ce que ce délit objet de l'accusation étant général, l'action en dénonciation semble devoir être également générale.

. (315)

Je viens de dire nûment et franchement sur cette matière l'impression qui est en moi. Messieurs les jurisconsultes des Cours royales, à qui je la soumets, voudront bien, je les en supplie, la confirmer ou la rectifier.

Paris, ce 1er février 1826.

Le comte de MONTLOSIER.

POST-SCRIPTUM.

Au moment où cet écrit paraîtra, j'aurai regagné mes montagnes ; je recevrai là avec empressement les censures que je pourrai avoir méritées, et les avis que l'amitié voudra bien m'adresser. S'il était dans la volonté de la Providence que les vues que j'ai exposées changeassent certaines déterminations, je n'aurais qu'à m'applaudir et à garder désormais le silence. J'ai peur qu'il n'en soit autrement, et qu'au péril de tout ce qui nous est le plus cher, on s'obstine dans une voie pernicieuse ; infailliblement alors on me verrait reparaître dans l'arène.

J'ai quelque espérance dans le grand caractère de plusieurs personnes qui s'égarent; j'en ai aussi dans le temps qui peut ramener beaucoup d'irréflexions. Le temps m'est nécessaire à moi-même pour me fortifier, et donner à mes démarches le poids et la maturité convenables. Relativement à l'action des magistrats et des lois, je renouvelle, quand elle sera ma dernière ressource, l'appel que j'ai déjà fait à tout le barreau de France. Dans une cause aussi grave et embarrassée de tant de difficultés, j'ai dû m'attacher à l'instruire avec soin, avant de demander une solution. Sur ce point qui n'est pas sans quelque délicatesse, j'ai cru devoir soumettre ma conduite à deux des principaux jurisconsultes de Paris. Je me repose sur eux avec confiance. Mues par divers motifs, quelques personnes ont voulu me détourner de ma marche; je n'ai pu céder à leur avis : ma fidélité peut attendre s'il le faut; elle ne doit pas se désister; mon insuffisance ne serait pas même une justification. Le guerrier ne va pas au combat à condition de la victoire; il peut recevoir des blessures; tout n'est pas douleur dans ces blessures ; il y a aussi quelque douceur à remplir ses devoirs. Je crois aux intentions pures des personnes que je combats ; tout ce que je leur demande c'est qu'elles veuillent bien croire aux miennes. Si j'obtiens cette justice , je la regarderai presque comme une grâce ; je remercierai alors mes adversaires. Je remercierai aussi celui qui s'est réservé *la gloire dans le ciel*, mais *qui a promis la paix sur la terre aux hommes d'une bonne volonté*.

PIÈCES JUSTIFICATIVES.

PIÈCES JUSTIFICATIVES.

1er Octobre 1818.

RAPPORT AU MINISTERE DE LA JUSTICE.

PARQUET DE LA COUR ROYALE DE RENNES.

L'esprit jésuitique gagne presque tous les prêtres. Les pères de la foi de Sainte-Anne-d'Aurai (Morbihan), vrais jésuites déguisés, gouvernent le diocèse de Vannes, et jettent dans tous les diocèses voisins les racines de leur puissance et de leur domination. Ils appellent jansénistes tous ceux qui ne partagent pas leurs doctrines, et quand on leur demande ce que c'est qu'un janséniste, ils répondent : *C'est l'être que de le demander.* Ils ont des adeptes, des affiliés qui se reconnaissent à des signes et à des scapulaires placés sur la poitrine. C'est une bonne fortune pour eux lorsqu'ils peuvent agréger les personnes appartenant aux classes supérieures de la société, surtout parmi les fonctionnaires publics.

A Nantes, j'ai vu un tableau très-curieux exposé dans une chapelle de la cathédrale où l'on ne pénètre que par une porte qui le dérobe aux yeux du public. Ce tableau, exécuté sur un plan assez étendu, offre plusieurs emblèmes qu'il faudrait être connaisseur pour bien entendre et expliquer. Quelques réminiscences de l'histoire et du procès des jésuites, m'ont aidé à en saisir les principales allusions.

Au sommet du tableau, à gauche, saint Ignace est assis dans un fauteuil entouré de nuages, la main sur un grand livre *in-folio* ouvert, qui doit être les constitutions de la Société de Jésus; à côté est saint François-Xavier en rochet et en étole, également assis. Sur un plan plus bas, un *jésuite*, à genoux, tenant une grande croix en face des deux saints, et ayant une couronne royale renversée à ses pieds, semble offrir à saint Ignace la puissance et la souveraineté universelle. Derrière le jésuite à genoux, on voit l'ange exterminateur poursuivant et chassant les vices et les passions, sous diverses figures infernales, précipités dans les ténèbres. En arrière de l'ange exterminateur, est une femme en costume indien présentant à saint Ignace, sur un carreau de velours blanc, une couronne et un sceptre; à côté d'elle, et un peu plus reculée, une autre femme, qui doit être la religion, élève un saint ciboire au ciel, en l'inclinant vers le saint auquel elle paraît en faire hommage.

Je crois avoir lu quelque part que l'original de ce tableau avait été, pour la première fois, exposé à Marseille, et que plusieurs copies en avaient été faites par les jésuites; si cela était, Riper de Monclar, procureur-général au parlement de Provence, n'aurait pas manqué d'en parler dans son Compte rendu des

constitutions des jésuites, ce qu'il ne m'a pas été possible de vérifier.

Quoi qu'il en soit, le tableau existe; il est exposé,
comme je l'ai dit, dans une chapelle de la cathédrale
de Nantes où je l'ai vu et étudié assez long-temps, il
n'y a pas encore huit jours, pour garantir les emblèmes ci-dessus définis. La couronne royale foulée
aux pieds par un jésuite; l'autre couronne et le sceptre
offerts sur un carreau de velours au saint par un génie
en costume indien, et le saint ciboire présenté par un
autre génie ou une figure représentant la religion,
ne peuvent signifier que la domination universelle,
temporelle et spirituelle dont on accusait justement
la Société de Jésus de vouloir s'emparer. Sa résurrection, sous le titre de pères de la foi, leurs maximes,
leurs principes, leurs doctrines bien connues, parta-
gées maintenant par le clergé, font assez voir et comprendre ce qu'on en doit craindre dans l'état actuel
des choses.

CONSTITUTION ANCIENNE

DE LA CONGRÉGATION.

Le père Jean Craffet, qui fut, depuis 1668, jusqu'à sa mort en janvier 1692, c'est-à-dire vingt-trois ans, le père directeur de la grande congrégation dite des *Messieurs* dans l'église professe de la rue Saint-Antoine à Paris, fit imprimer, vers l'année 1670, en petit format in-24 bien portatif, facile à cacher, et sans frontispice ni date, un Manuel à l'usage de ses congréganistes. Ce manuel est devenu fort rare : le format, l'absence de toute date, de tout lieu d'impression, du nom de l'imprimeur, montrent assez que ce livret devait être mystérieusement gardé, et il est probable qu'à la mort de chaque congréganiste, le père directeur avait soin de le faire retirer de sa succession.

Ce Manuel avait pour titre à la première page seulement : *Règles de la Congrégation de Notre-Dame de la Maison professe de Saint-Louys à Paris.* On sait le rôle que cette maison a joué dans la Ligue. Le livret a 143 pages ; il commence par les *Règles générales,* dans lesquelles on voit la constitution de la congrégation en 26 articles. « Elle était soubmise à la conduite et » direction de la Compagnie de Jésus. Les confrères » devaient au moins tous les mois une fois se con- » fesser et communier dans l'oratoire et chapelle

» de la congrégation , et ce tous les premiers diman-
» ches du mois, toutes les fêtes principales de notre
» Seigneur, de la sainte Vierge, des Apôtres et autres
» jours et solemnités remarquables ; dire tous les jours
» sept fois le *Pater noster* et l'*Ave Maria*. » A chacun
de ces jours et à chacune de ces pratiques étaient atta-
chées, ou des indulgences plénières, ou des indulgences
partielles de trois mille à cent cinquante-huit mille ans.

On ne pouvait prendre un autre confesseur que par
la permission du père directeur qui en référait au père
recteur du collége ; et ce confesseur ne pouvait être
qu'un jésuite. C'était dans les mains du recteur qu'a-
boutissaient les fils de toutes les congrégations de la
même ville ; et il était prescrit de ne rien faire à
l'insu et sans le consentement du père directeur.

Sous lui était le préfet de la congrégation nommé
par elle ; et le réglement voulait qu'elle choisît
un congréganiste éminent dans le monde ; autorisant
même à élire pour cette charge un évêque, qui, par-
là, devenait l'inférieur et le disciple obéissant du
père de la congrégation. Le préfet y avait presque autant d'autorité que ce père , quand il était bien docile
à ses volontés et à sa direction.

Au-dessous du préfet étaient graduellement : 1º deux
assistans ; 2º un secrétaire; 3º de six à douze conseillers; 4º un dépositaire ou trésorier; 5º deux portiers * ;
6º des lecteurs , etc.

La seconde partie du Livret a pour titre : *Règles*

* Ceux-ci se tenant à la porte notaient tous les confrères qui
entraient , qui devaient communier ; ils en donnaient à la fin de

particulières pour les officiers de la congrégation de la Bienheureuse Vierge. Chacun de ceux que je viens de nommer et autres y trouvaient leurs devoirs bien expliqués ; et toujours celui de la déférence, de l'obéissance aux préfets et au père directeur, dominait toutes les autres obligations.

La troisième partie a pour titre : *Coutumes pratiquées ès principales congrégations des maisons professes de la compagnie de Jésus, tant à Rome qu'ailleurs.*

Le Livret se termine par dix-sept pages sous ce titre : *Brief recueil des indulgences que peuvent gaigner ceux qui sont de la congrégation Notre-Dame, tiré des bulles de son érection faite par les papes Grégoire XIII et Sixte V.*

On sait que le premier de ces papes ne vit pas avec trop de chagrin la Saint-Barthélemy, ni la formation de la Ligue ; et que le second la favorisa de tout son pouvoir apostolique.

Je ne donne pas l'état des mille et millions d'années d'indulgences dont les congréganistes sont dotés. Par les dix-sept pages qui en sont remplies on comprend que le nombre en serait difficile à compter.

Par les réglemens, la subordination des congréganistes est poussée à tel point que dans les délibérations, ils ne doivent donner leur vote que quand ils sont interpellés par le père directeur ou par le préfet,

chaque mois la liste au père directeur, qui par ce moyen connaissait ceux qui avaient manqué aux exercices et ceux qui n'avaient pas communié.

et ne le donner qu'avec humilité, sans contester, à l'effet de le soutenir, contre le directeur et le préfet. De plus, si quelqu'un d'eux est obligé de voyager pour ses affaires, il ne le peut faire sans en avoir obtenu la permission du *père*, du préfet, et contre-signée du secrétaire ; par le moyen de cette permission, il peut se présenter, avoir accès, être introduit dans toutes les congrégations jésuitiques du monde ; dans ses voyages, il doit écrire au préfet pour lui rendre compte de sa conduite, et nécessairement de celle des autres.

Cela doit suffire pour donner une idée du système politique des congrégations. Le Livret qui nous a fourni ces renseignemens est joint comme une pièce justificative à un manuscrit assez volumineux que nous avons vu partiellement, et qui consiste en *une Histoire des congrégations et sodalités jésuitiques depuis leur origine, en 1563, jusqu'au temps présent.* On y voit décrite, avec preuves, la part que ces associations mystiques et secrètes ont eue en France, à Naples, à Venise, etc., etc., à toutes les intrigues politiques, aux troubles, aux ligues ; et toujours, suivant la grande maxime des jésuites, *ad majorem Dei gloriam ;* à quoi ils ajoutent maintenant à Montrouge, *et sacratissimi cordis Jesu.*

ARRÊT

DU PARLEMENT DE PARIS

CONTRE LES CONGRÉGATIONS.

Par un arrêt rendu, toutes les chambres assemblées, le vendredi 9 mai 1760, la Cour a fait inhibitions et défenses à toutes personnes de former aucunes assemblées ni *confréries*, congrégations ou associations en cette ville de Paris, et partout ailleurs, sans l'expresse permission du roi et lettres-patentes vérifiées en la Cour;

Ordonne que dans six mois les chefs, administrateurs et régisseurs de toutes confréries qui se trouvent dans le ressort de la Cour, seront tenus de remettre au procureur-général du roi, ou à ses substituts sur les lieux, des copies en bonne forme et signées d'eux, des lettres-patentes de leur établissement, ou autres titres qu'ils peuvent avoir; leurs règles, statuts et formules de promesses ou engagemens verbaux; ensemble un mémoire contenant le temps et la forme de leur existence; comme aussi un exemplaire des livres composés pour l'usage desdites confréries, associations et congrégations;

Enjoint aux substituts du procureur-général du roi d'envoyer au procureur-général les lettres-patentes,

états, mémoires, formules de promesses et engagemens verbaux et autres pièces qui leur seraient re-
mises, pour, sur le compte qui en sera par lui rendu,
être statué par la Cour, toutes les chambres assemblées, ainsi qu'il appartiendra..... sinon et faute par
lesdits chefs.... Leur fait, la Cour, défense de souffrir
aucune assemblée, ni continuer aucun exercice desdites
confréries, associations et congrégations ; et à toutes
personnes, de quelque qualité et conditions qu'elles
soient, de s'y trouver, sous les peines portées par les
ordonnances.

Cependant fait dès à présent, sous les mêmes peines,
défense à toutes personnes.... de s'assembler à l'avenir
sous prétexte de confrérie, congrégation ou association dans aucune chapelle intérieure ou aucun oratoire particulier de maison religieuse ou autre, même
dans les églises qui ne seraient pas ouvertes à toutes
personnes qui se présenteraient pour y entrer.

ARRÊT

DE LA COUR DU PARLEMENT

AU SUJET DES DIVERSES ASSERTIONS JÉSUITIQUES.

Extrait des Registres du Parlement, du 5 mars 1762.

Vu par la Cour, toutes les chambres assemblées, l'arrêt du 3 septembre 1761, portant entre autres dispositions « que pour être vérifiés et collationnés tant sur les livres composés et publiés par les soi-disant jésuites, et condamnés par ladite cour, que sur les autres livres mentionnés au compte rendu à la cour, toutes les chambres assemblées, le 8 juillet 1761, par l'un des commissaires en ladite cour, les extraits des assertions dangereuses et pernicieuses en tout genre, que lesdits soi-disant jésuites ont dans tous les temps constamment et persévéramment soutenus et publiés dans leurs livres avec l'approbation de leurs supérieurs et généraux : il sera nommé des commissaires de la cour, qui s'assembleront le mardi, 15 décembre 1761, pour ladite vérification et collation faite et rapportée, être, conformément à l'arrêt du 6 août 1761 , par la cour, toutes les chambres assemblées, le 8 janvier 1762, statué ce qu'il appartiendra : l'arrêté de la cour dudit jour, 8 janvier dernier, les passages extraits des auteurs

de la société desdits soi-disant jesuites , vérifiés et
collationnés par les commissaires de la cour, en exécution de l'arrêt du 3 septembre 1761 , sur les livres
et autres pièces que lesdits soi-disant jésuites ont publiés avec l'approbation des supérieurs et généraux de
ladite société ; ou pareillement les traductions d'aucuns desdits passages extraits, et les arrêtés de la
cour, des 5 , 17 , 18 , 26 février, et de ce jourd'hui
5 mars 1762, portant que lesdits extraits et traductions
d'aucuns d'iceux seront déposés au greffe civil de la
cour. La matière mise en délibération :

La cour, toutes les chambres assemblées , a arrêté
et ordonné que lesdits passages extraits , vérifiés et
collationnés par les commissaires de la cour , et la
traduction d'aucuns d'iceux, seront annexés au procès-
verbal de ce jourd'hui, pour, desdites assertions déposées au greffe de la cour, être pris communication par
les gens du roi, et être par eux requis au premier
jour , et par la cour ordonné ce qu'il appartiendra ;
comme aussi que le procureur-général du roi sera
chargé d'envoyer sans délai lesdites assertions à tous
les archevêques et évêques étant dans le ressort de la
cour, attendant ladite cour du zèle dont ils sont animés pour le bien de la religion, pour la pureté de la
morale chrétienne, pour le maintien des bonnes mœurs,
pour la conservation de la tranquillité publique et pour
la sûreté de la personne sacrée du roi, qu'ils se porteront à prendre, chacun en ce qui les concerne, toutes les mesures qu'exige leur sollicitude pastorale sur
des objets aussi importans ; a arrêté, en outre, que
M. le premier président sera chargé de se retirer in-

cessamment par-devers le roi, à l'effet de lui présenter copie collationnée desdits passages de la traduction d'aucuns d'iceux, pour mettre de plus en plus ledit seigneur roi en état de connaître la perversité de la doctrine soutenue constamment et sans interruption par les prêtres, écoliers et autres se disant de la société de Jésus, dans une multitude d'ouvrages réimprimés un grand nombre de fois, dans des thèses publiques et dans des cahiers dictés à la jeunesse depuis la naissance de ladite société, jusqu'au moment actuel, avec l'approbation des théologiens, la permission des supérieurs et généraux, et l'éloge d'autres membres de ladite société : doctrine dont les conséquences iraient à détruire la loi naturelle, cette règle des mœurs que Dieu lui-même a imprimée dans le cœur des hommes, et par conséquent à rompre tous les liens de la société civile, en autorisant le vol, le mensonge, l'impureté la plus criminelle, et généralement toutes les passions et tous les crimes, par l'enseignement de la compensation occulte, des équivoques, des restrictions mentales, du probabilisme et du péché philosophique; à détruire tout sentiment d'humanité parmi les hommes, en favorisant l'homicide et le parricide ; à anéantir l'autorité royale et les principes de la subordination et de l'obéissance, en dégradant l'origine de cette autorité sacrée qui vient de Dieu même, et qui, en altérant sa nature qui consiste principalement dans l'indépendance entière de toute autre puissance qui soit sur la terre, à exciter, par l'enseignement abominable du régicide dans le cœur de ses fidèles sujets, et surtout de tous ceux qui composent la nation fran-

çaise, les alarmes les plus vives et les mieux fondées
sur la sûreté même de la personne sacrée des souverains, sous l'empire desquels ils ont le bonheur de
vivre ; enfin à renverser les fondemens et la pratique
de la religion, et à y substituer toutes sortes de superstitions, en favorisant la magie, le blasphême,
l'irréligion et l'idolâtrie. Et sera, ledit seigneur roi,
très-humblement supplié de considérer ce qui résulte
d'un enseignement aussi pernicieux, combiné avec ce
que prescrivent les règles et constitutions desdits soi-
disant jésuites sur le choix et l'uniformité des sentimens et opinions dans ladite société. Ordonne qu'à
l'effet d'être lesdits passages extraits par les commissaires de la cour, ensemble ceux déjà déposés au greffe
civil de la cour, le 31 août 1651, plus promptement
et plus facilement envoyés aux archevêques et évêques dans le ressort de la cour, tous lesdits extraits,
ensemble la traduction d'aucuns d'iceux, et le présent
arrêt en tête seront imprimés, et lesdits exemplaires
ordonnés à être envoyés aux archevêques et évêques,
seront collationnés sur les copies manuscrites déposées
au greffe civil de la cour. Fait en Parlement, toutes les
chambres assemblées, le 5 mars 1762. Collationné :
Régnault.

Signé, Dufranc.

(Registres du Parlement.)

SUR LE TABLEAU

TROUVÉ AU COLLÉGE DES JÉSUITES DE BILLOM.

Extrait d'un procès-verbal du 16 décembre 1762, tiré du compte rendu aux Chambres du Parlement assemblées par M. le président Roland, le 15 juillet 1763.

Nous nous sommes transportés à l'église ou chapelle dudit collége, pour constater si parmi les tableaux qui y ont été laissés par les ci-devant soi-disant jésuites, il y en avait un (comme on l'a dit) moins propre à édifier qu'à scandaliser.

Etant entrés dans ladite église avec le procureur du roi et Jean-Joachim Girot, notre greffier, nous avons vu sur le mur, du côté droit, un tableau de la longueur de vingt pieds de long sur dix pieds d'élévation, au haut duquel sont ces mots écrits en lettres d'or : *Typus religionis.*

Persuadés que c'était l'objet que nous étions chargés de vérifier, nous nous sommes approchés, et quelques notables habitans dudit Billom qui s'y sont trouvés, nous ont assuré que ce tableau était en grande vénération chez les jésuites, et qu'il était là très-anciennement.... Nous avons observé que dans ledit tableau la religion est représentée sous l'emblème d'un très-grand vaisseau qui cingle à pleines voiles de la mer du siècle au port du salut. Au milieu de ce vaisseau et sur le tillac, saint Ignace tenant à la main le nom de Jésus, paraît à la tête de huit autres fondateurs d'ordres. L'on ne voit dans ce vaisseau d'autres personnages que des religieux de ces neuf ordres différens, ce qui donne lieu de présumer qu'on a cherché à confondre la religion avec l'état religieux.

Cette conjecture paraît d'autant mieux fondée, que l'on n'y aperçoit ni pape, ni évêque qui ne soit chef d'ordre, ni prêtre, ni aucun séculier. Il est monté par ces seuls religieux ; ce sont eux seuls qui le conduisent et y font toute la manœuvre. Partout les jésuites tiennent le premier rang : les autres religieux ne paraissent y agir que sous leurs ordres et en subalternes ; bien plus, quoique le Saint-Esprit enfle les voiles de son souffle et pousse le vaisseau, c'est un jésuite qui, chargé du gouvernail, le compas à la main, en dirige la route. Au-dessous de ce pilote, on lit : *Imitatio vitæ Christi*. Ne paraît-il pas évident que ce tableau n'a été fait que pour persuader que les jésuites seuls sont propres à conduire dans la voie du salut ? Nous avons observé encore, qu'à la suite de ce vaisseau viennent deux petites barques sur lesquelles on lit : *Naves secularium quibus arma spiritualia à viris religionis suppeditantur.* Dans ces barques sont pêle-mêle le pape, un cardinal, un roi de France, plusieurs têtes couronnées, des personnes de tout état et de tout sexe.... Du même côté, sur la mer du siècle, au haut du tableau, s'élèvent plusieurs pointes de rocher dont la plus élevée est surmontée d'une thiare, une autre d'un chapeau de cardinal, quelques autres de mitres , de couronnes, et de la bannière de Malte. Au-dessus de tout, est écrit : *Superbia vitæ.* Autour de ces rochers sont représentés les sept péchés capitaux, sous l'emblème de sept petits brigantins, portant chacun le nom d'un péché ; au-dessous du tout est une sentence commençant par ces mots : *Initium peccati est superbia.*

Au-dessous du filet dont on vient de parler est , en grosses lettres, sur une banderole: *Apostatæ religionis..* Sous les légendes on voit plusieurs figures en partie submergées, parmi lesquelles on reconnaît à son habillement le moine Luther qui dirige son arc vers la galère. Au milieu de ces apostats , et absolument dans le bas du tableau , est une figure dont il ne sort de l'eau que le buste. Elle paraît sans mouvement et saisie de crainte, on voit même sur son visage une espèce d'abrutissement. Elle porte une toque avec une fraise. Plusieurs personnes ont cru trouver à cette figure beaucoup de ressemblance avec Henri III. Un monstre placé à droite de ces apostats en dévore un....

Du côté de la poupe, dans la galerie inférieure de la grande galère, sont deux religieux, l'un jésuite et l'autre du tiers-ordre de saint François ; ils portent chacun un bouclier... Ces deux religieux sont armés de piques et combattent, ainsi qu'un jacobin qui est dans la galère du milieu, et qui tient une pierre à la main, contre une barque qui est au bas du tableau. Cette barque, sur laquelle est assis un démon tenant un sabre à la main, est en partie submergée: plusieurs, qui sont dedans, sont blessés et dirigent cependant leurs armes vers les religieux dont on vient de

parler. Dessous cette barque, on lit dans deux banderoles : *Hæretici insultantes*, et à côté, dans un cartouche : *Sagittæ parvulorum factæ sunt plagæ eorum, et infirmatæ sunt contra eos linguæ.* Autour de cette barque sont plusieurs hérétiques qui en paraissent tombés, ils sont pour la plupart submergés ; un surtout est peint singulièrement : on ne voit qu'une très-petite partie du buste : la tête est peinte du haut en bas, de façon que les cheveux sont en bas et la barbe en haut. En considérant de près cette figure, et en la regardant dans le sens naturel, on serait bien tenté de croire que l'auteur du tableau a voulu peindre un prince dont la mémoire sera toujours chère aux Français, dont le portrait est gravé dans tous les cœurs, et que la Ligue força de conquérir son propre royaume. . . . .
. . . .

N. B. Il est nécessaire d'ajouter que d'après le compte rendu au parlement de Paris, il se trouva au collége de Billom sept éditions différentes du fameux livre régicide de *Busembaum* ; savoir : trois de Lyon des années 1665, 1672 et 1690 ; une de Toulouse de 1700 ; deux de Paris, de 1726 et 1746, et celle de Cologne de 1729.

(*Registres du Parlement.*)

TABLE.

QUATRIÈME PARTIE.

DES MOYENS QUI EXISTENT DANS NOS LOIS ANCIENNES ET DANS NOS LOIS NOUVELLES POUR COMBATTRE LE SYSTÈME ET LE RÉPRIMER.

22*

OUVRAGES

EN SOUSCRIPTION

CHEZ AMBROISE DUPONT ET RORET,

LIBRAIRES-ÉDITEURS, QUAI DES AUGUSTINS, N. 37 *.

HISTOIRE MILITAIRE

DES FRANÇAIS,

PAR CAMPAGNES,

DEPUIS LE COMMENCEMENT DE LA RÉVOLUTION

JUSQU'A LA FIN DU RÈGNE

DE NAPOLÉON,

DÉDIÉE AUX VÉTÉRANS DE L'ARMÉE,

La gloire de nos armes, qu'on s'efforça de rabaisser et qu'on semblait vouloir étouffer à une époque où des passions ardentes n'écoutaient que leur imprudente audace, a fait éclore plusieurs ouvrages destinés à nous venger. Le premier de tous fut le recueil des Victoires et Conquêtes : monument élevé au milieu d'un orage politique, il embrasse les guerres du peuple français, depuis la première campagne de la liberté jusqu'à la bataille de Waterloo. Malheureusement ce vaste recueil dont le principal rédacteur,

* LEUR LIBRAIRIE SERA TRANSPORTÉE, LE 15 AVRIL PROCHAIN, RUE VIVIENNE, N. 16.

M. le général Beauvais, a bien mérité de toute l'armée, est trop rempli de détails stratégiques, et trop volumineux pour être à la portée de tous les lecteurs et de toutes les fortunes. Depuis l'époque de sa publication, d'autres récits ont paru avec succès ; mais contraints de renfermer les faits dans un cadre étroit, des auteurs ont dû trop abréger une matière immense. On suit avec plaisir, dans leurs récits, l'exposé rapide de nos exploits ; mais d'abord la mémoire, fatiguée par la succession de tant de prodiges qui ne lui laissent pas de repos, éprouve de la peine à les classer pour les retenir ; ensuite elle désire beaucoup de choses dont elle a été frappée pendant le cours de trente années, et qu'elle voudrait retrouver dans un tableau fidèle. D'un autre côté, nos annales militaires se sont enrichies de plusieurs excellens ouvrages publiés par MM. Jomini, Mathieu Dumas, le maréchal Saint-Cyr, et d'autres écrivains, qui ont été témoins et acteurs dans les grandes scènes qu'ils racontent ; toutefois ces ouvrages, consacrés en général à la science guerrière, conviennent plus particulièrement aux officiers supérieurs. En outre, comme ils embrassent toute une période, leur réunion présente encore une vaste lecture. Ces considérations ont fait sentir aux auteurs du travail que nous annonçons, la nécessité de donner à notre nouvelle histoire militaire une étendue mesurée sur l'importance du sujet, sur les besoins de la curiosité publique, sur les ressources du plus grand nombre pour la satisfaire. Le meilleur moyen d'atteindre ce but a paru être de renfermer chaque campagne dans des volumes distincts, où les événemens se trouveront coordonnés de manière à former par leur ensemble un récit complet de toute la guerre.

Le premier caractère de l'ouvrage sera d'être national, c'est-à-dire qu'il fera ressortir avec éclat le patriotisme et le courage des Français. Convaincus que rien ne peut égaler la gloire d'un peuple qui, surpris presque sans défense par les forces réunies de l'Europe, attaqué en même temps sur terre et sur mer, séparé du commerce du monde, improvise quatorze

armées dans son sein , et sort des périls les plus immi-
nens, par une suite de succès inouis., les auteurs de
ce recueil s'attacheront surtout à montrer les triomphes de la liberté dans toute leur grandeur. Ces
triomphes appartiennent au monde entier par leur
cause ; ils resteront à jamais comme des exemples pour
les peuples menacés dans leur indépendance. Notre
guerre de la liberté mérite d'ailleurs, par des motifs
particuliers, l'attention des esprits réfléchis et l'admiration des ames généreuses.

Les dons de la nature, la grande école de Gustave
Adolphe et l'essai progressif du commandement ont
créé les capitaines du siècle de Louis XIV ; la nature
et les champs de bataille ont seuls enfanté les Jourdan,
les Hoche, les Dugommier, les Kléber, les Dessaix, les
Saint-Cyr, les Moreau et leurs émules. Il a fallu vingt
ans pour former Turenne, il n'a fallu que trois campagnes pour placer le vainqueur de Fleurus ou le
jeune libérateur de l'Alsace au-dessus de toutes les
vieilles renommées militaires de l'Europe. Sortis du
rang des soldats, ses pareils et lui sont parvenus de
plus loin et plus haut que ce prince de Condé, dont
la première victoire parut une illumination du génie.
Mais un citoyen doit surtout remarquer, dans les chefs
et les soldats de cette époque, des vertus antiques,
la simplicité, la patience à supporter les privations,
le désintéressement absolu, et un enthousiasme qui
ne laissait aucune prise aux viles passions ; alors on
combattait pour la patrie, et on ne lui demandait pour
récompense qu'un reflet de gloire nationale. Ce
phénomène d'un peuple moderne, livré dès long-temps
à toutes les commodités du luxe et à tous les besoins
de la civilisation, qui produit tout-à-coup des armées
rivales de la vertu des soldats romains au temps des
Fabricius, ne saurait être perdu pour l'histoire.

La postérité comptera Napoléon au rang des plus
grands capitaines de tous les siècles : pour mesurer sa
hauteur, il ne faut que le mettre en présence des obstacles qu'il avait à vaincre ; comme la république, il
lui a fallu lutter avec le continent tout entier, et surtout

avec le géant de l'Angleterre ; mais en rendant justice à son génie, les auteurs n'oublieront pas que la république lui a transmis ses instrumens de gloire, dans les armées, dans les généraux qui avaient vaincu l'Europe sur tous les champs de bataille, depuis la Vendée jusqu'à Toulon, depuis la Bidassoa jusqu'au Rhin, depuis la Sambre jusqu'au Texel. Ainsi, par exemple, on verra le héros de Rivoli, le vainqueur de Zurich, qui eut une si grande part aux premiers succès de Bonaparte, grandir de jour en jour à côté de Napoléon devenu l'arbitre de l'Europe par la victoire ; ainsi Kléber à la bataille d'Héliopolis apparaîtra digne du parallèle avec le général qu'il trouvait *grand comme le monde* après la victoire d'Aboukir. Mais quelle vie militaire que celle d'un homme qui a livré cinquante batailles rangées, qui, après avoir fait succéder les victoires d'Orient à ses premières victoires d'Italie, suffisantes pour une immense renommée, vint recommencer une autre carrière de gloire où l'on trouve les batailles de Marengo, d'Austerlitz, d'Iéna, de Friedland et de Wagram ! Toutefois dans le récit des travaux de ce colosse de génie, de constance, d'application et de pouvoir, la France, son peuple et ses héros guerriers ne seront point immolés à un homme. Napoléon ne paraîtra point avoir fait seul ce qu'il a fait avec le secours d'une nation que la liberté avait rendue capable de tous les prodiges ; il n'usurpera point la place de la France, comme les Charles Martel, les Pepin, les Charlemagne, les Louis XIV l'ont usurpée, dans nos annales.

Plût à Dieu que les auteurs de ce recueil n'eussent point à retracer la guerre civile ! Forcés de remplir une tâche douloureuse, ils ne craindront pas d'attribuer l'origine d'un grand fléau à ses véritables auteurs, qui se glorifient de l'avoir attiré sur nos têtes ; et surtout à Rome, dont la prudence et la circonspection n'avouent point encore ce fatal présent de la même politique qui créa la Ligue sous Henri III, et suscita tant d'embarras à Henri IV, tous deux tombés victimes des Séides qu'elle a couronnés des palmes du martyre. Heureusement, pour se consoler du spectacle des Français qui se déchirent entre eux, l'ami de son pays trouve à citer de grandes et généreuses vertus dans les deux partis. A côté de la mort sublime de Bonchamps, dont les dernières paroles sauvèrent quatre mille soldats républicains qu'on allait égorger, il peut louer les immortels services du général Hoche inspiré par le génie de l'humanité comme il l'avait été par celui de la guerre, et non moins habile à éteindre l'incendie du dedans qu'à vaincre les ennemis du dehors.

Cet ouvrage est destiné aux villes et aux campagnes, aux palais et aux chaumières ; il doit pénétrer partout où il y a un cœur qui palpite encore au nom de Valmi et de Jemmape ; il doit ranimer et consoler les vétérans de Fleurus, d'Arcole et des Pyramides, faire tressaillir les vainqueurs de Hohenlinden et d'Austerlitz, et rappeler aux jeunes guerriers de Lutzen et de Bautzen que deux batailles ont suffi pour les placer au rang des premiers soldats du monde. Mais ce qui reste encore des générations de héros que la France renfermait dans son sein sans les connaître, et que l'amour de la gloire faisait éclore de jour en jour, penche vers la vieillesse, ou ne tardera point à passer l'âge de porter les armes ; c'est donc à leurs fils et à leurs descendans, c'est à toute la jeunesse française que doit parler le nouveau récit de nos exploits. Puisse cette jeunesse, l'espoir de la patrie, dans la guerre comme dans la paix, dans les lettres et dans les sciences comme dans l'industrie, se pénétrer profondément des hauts faits de ses pères, et se jurer à elle-même d'imiter leurs exemples, si la patrie était encore menacée dans son indépendance !

Ce tableau semé de merveilles qui surpassent à elles seules nos plus brillantes époques, ne saurait causer aucune alarme à la dynastie régnante, puisqu'elle a solennellement adopté notre gloire et ses héros. Il lui reste d'ailleurs, pour s'élever au-dessus de tout ce qu'elle n'a pu faire avec nous, la gloire d'assurer à jamais la liberté que le peuple français n'avait conquise un moment que pour la voir en butte à tous les orages d'une révolution terrible, et l'échanger ensuite contre la gloire, sous l'empire d'un homme dont l'ame, moins grande que l'esprit, n'a pas pu concevoir qu'on pût régner avec sécurité sur un peuple sujet des lois.

Outre les documens historiques publiés jusqu'ici, et qui seront mis à contribution avec discernement, plusieurs officiers généraux d'un mérite éminent ont communiqué aux libraires-éditeurs des pièces importantes; ils ne négligeront rien pour se faire ouvrir de riches portefeuilles. En s'appliquant à leur procurer des matériaux précieux, ils recommanderont spécialement aux auteurs de débarrasser leur recueil de tous les détails superflus et de ces pièces justificatives que l'on trouve partout, ou qui trop souvent ne font que grossir les volumes sans ajouter à l'instruction du lecteur.

Des cartes et des plans tracés avec exactitude, des portraits ressemblans et quelques vignettes, ajouteront soit à l'utilité, soit à l'agrément du livre.

Tel sera l'ouvrage que promettent au public des écrivains dont la plupart ont porté l'épée avant de prendre la plume. Chacun d'eux, en s'engageant à signer son travail, prend en face du public, une responsabilité qui devient une garantie d'exactitude et de talent. Le recueil se composera de douze volumes, qui seront publiés, en même temps, dans les formats in-18 et in-8°; ils se vendront ensemble ou séparément, au gré des souscripteurs; ce nombre a paru suffisant pour donner une juste étendue à la narration; il ne sera dépassé sous aucun prétexte. Ainsi que nous l'avons dit plus haut, chaque campagne se trouvera comprise dans un volume particulier; cette forme, qui suppose le mérite de la concision, et le choix judicieux des matériaux admis, est la plus propre à graver facilement dans les esprits la suite des événemens, et à prévenir toute confusion dans les souvenirs.

L'ouvrage entier sera revu, pour les détails stratégiques, par **M**. le général Beauvais, principal rédacteur des *Victoires et Conquétes*, etc.

P.-F. Tissot.

CONDITIONS DE LA SOUSCRIPTION.

Chaque volume, sur papier fin satiné, sera orné de PORTRAITS, de PLANS et d'une CARTE, et se vendra séparément.

PRIX de chaque volume, format in-18. . 3 fr. 75 c.

Idem. . . . . In-8. . 6   »

NOTICE D'OUVRAGES

NOUVELLEMENT PUBLIÉS

PAR AMBROISE DUPONT ET RORET,

LIBRAIRES, QUAI DES AUGUSTINS, N. 37.

HISTOIRE DE L'EXPÉDITION D'ÉGYPTE ET DE SYRIE ; par M. Ader ; 1 vol. in-18, orné des portraits de Bonaparte et de Kléber, des plans de la bataille des Pyramides et de la bataille d'Aboukir, des cartes d'Égypte et de Syrie. Prix : 3 fr. 75 c.

HISTOIRE DES CAMPAGNES DE FRANCE en 1814 et 1815, par M. Mortonval ; 1 vol. in-18, orné de deux vignettes, dont une représente Napoléon sur le rocher de Sainte-Hélène, avec le plan des batailles de Paris, de Toulouse, de Waterloo, et d'une carte de France. — Ces deux volumes paraîtront dans le format in-8, le 15 avril prochain.

RÉSUMÉ GEOGRAPHIQUE DE LA PÉNINSULE IBERIQUE, contenant les royaumes de *Portugal* et d'*Espagne* ; par M. le colonel Bory de Saint-Vincent, correspondant de l'Institut, anciennement attaché au dépôt de la guerre ; 1 vol. in-18 de 600 pages, orné d'une carte coloriée dressée par l'auteur. Prix : 5 fr.

RÉSUMÉ GÉOGRAPHIQUE DE LA GRÈCE, contenant la Turquie d'Europe et l'Archipel ; 1 vol. in-18, orné d'une carte coloriée.

CONTES PHILOSOPHIQUES ET MORAUX, de Jonathan le Visionnaire, publiés par M. X.-B. Saintine. 2 vol. in-12, ornés de 2 vignettes. Prix : 8 fr.

Extrait du Constitutionnel du 15 décembre 1825.

« La seconde édition des *Contes philosophiques et moraux de Jonathan le Visionnaire*, publiés par X.-B. Saintine, vient de paraître. Nous aimons à voir prospérer des ouvrages qui méritent leurs succès. Celui de ces contes ne peut aller qu'en augmentant, et ajouter à la réputation de leur auteur, déjà connu comme un de nos jeunes poëtes les plus distingués. Les trois palmes académiques cueillies par M. Saintine, pouvaient nous annoncer un écrivain correct et élégant; ses chants patriotiques en faveur de la Grèce décelaient un esprit noble, élevé, généreux, mais étaient loin de nous révéler encore le censeur caustique et piquant, le prosateur philosophe, qui se présente à nous comme l'éditeur de *Jonathan.* Comme l'époque des étrennes approche, le libraire a fait orner cette nouvelle édition de deux jolies vignettes de Devéria; c'est un appât de jour de l'an, dans toute autre circonstance l'ouvrage peut s'en passer. »

LE TARTUFE MODERNE, par M. Mortonval; Deuxième édition, 3 vol. in-12. Prix : 10 fr.

Extrait du Journal des Débats du 11 *décembre* 1825.

« Nous ne reprochons donc pas à l'auteur du *Tartufe moderne* d'avoir fait un ouvrage de circonstance, puisque nous venons de reconnaître que les circonstances sont quelquefois si impérieuses qu'elles dominent le talent, et le poursuivent jusque dans les créations qui d'ordinaire ne sont que du domaine de l'imagination. Mais nous espérons que M. Mortonval pourra désormais échapper aux passions du moment pour prendre la place distinguée à laquelle il peut prétendre comme romancier. Il connaît le monde d'autrefois et le monde d'aujourd'hui, connaissance assez rare et cependant indispensable à ceux qui veulent peindre les mœurs; son dialogue, remarquable par cette simplicité qui appartient à la conversation, sort toujours de la position sociale et des opinions de chaque personnage; l'action de son ouvrage est naturelle, et le dénouement ne laisse rien à désirer pour l'intérêt, pour l'art de rassembler tous les personnages, et de les mettre dans la situation où il devient nécessaire que justice se fasse pour tous. C'est le second roman de cet auteur dans lequel les juges les plus difficiles reconnaissent un talent supérieur pour ramener à l'unité la complication des événemens, et les dénouer sans effort. »

LE COMTE DE VILLAMAYOR, ou l'Espagne sous Charles IV, par le même ; 5 vol. in-12. Prix : 15 fr.

Ce roman, dont tous les journaux ont fait les plus grands éloges, est à sa seconde édition.

MARGUERITE LYNDSAY, roman de mœurs écossaises, traduit de l'anglais d'Allan Cunningham, par madame la comtesse M***, et précédé d'une Notice par M. de Barante, auteur de l'*Histoire des ducs de Bourgogne* ; 4 vol. in-12. Prix : 12 fr.

Extrait du Journal des Débats du 11 décembre 1825.

« Il a paru hier un roman destiné à exciter une vive sensation. C'est une traduction d'un ouvrage anglais d'un extrême intérêt. Il est intitulé : *Les Épreuves de Marguerite Lyndsay,* et a obtenu récemment à Édimbourg et à Londres un succès prodigieux. L'auteur s'était fait connaître avant cette publication par des poésies universellement admirées parmi ses compatriotes. Il habite les environs d'Edimbourg, et s'appelle *Allan Cunningham.* Chantrey, sculpteur célèbre, l'a long-temps employé au sciage de ses marbres. La plume d'une dame de la plus haute société vient de nous donner la traduction de ce roman. Tout le monde voudra le lire. *Marguerite Lyndsay* est un drame tour à tour plein de charme et déchirant. L'auteur l'a placée au milieu d'une famille pieuse et pauvre que ses mœurs simples, sa moralité élevée et d'effroyables malheurs environnent de l'intérêt le plus touchant. Dès qu'on a ouvert cet ouvrage, il est impossible de le quitter sans vouloir l'achever. Sa lecture est profondément attachante ; elle laisse une vive impression. La version de madame la comtesse de M*** se distingue par sa facilité élégante : avec cela, elle a quelque chose de la physionomie du livre de Cunningham. On a placé en tête de cet ouvrage un morceau très-brillant de M. de Barante : c'est une notice sur la vie de l'auteur anglais, et une appréciation nette, fine, pleine d'idées ingénieuses de son talent. Ce morceau rappelle le Tableau de la littérature au dix-huitième siècle. C'est dire qu'il est digne de la plume de M. de Barante. »

LE PRISONNIER DE GUERRE, manuscrit trouvé sur le bord de la mer à la suite d'un naufrage; 2 vol. in-12. Prix : 6 fr.

LE SIÉGE DE DAMAS, poëme en 5 chants, par M. Viennet; 1 vol. in-8. Prix : 4 fr.

SIGISMOND DE BOURGOGNE, tragédie en cinq actes et en vers, par M. J.-P.-G. Viennet; in-8. Prix · 3 fr. 5o c.

ÉPITRE A L'EMPEREUR NICOLAS en faveur des Grecs, par M. Viennet. Prix : 1 fr. 5o c.

LE CLASSIQUE ET LE ROMANTIQUE, dialogue par M. P.-M.-L. Baour-Lormian, de l'Académie française ; br. in-8. Prix : 2 fr.

ENCORE UN MOT, seconde satire, par le même ; br. in-8. Prix: 1 fr. 5o c.

NOUVEAUX ESSAIS POETIQUES, par mademoiselle Delphine Gay ; 1 vol. in-18, papier grand raisin superfin. Prix: 4 fr.

OEUVRES COMPLETES de M. Alphonse de Lamartine, contenant les premières et les secondes Méditations poétiques, la Mort de Socrate, poëme, le Dernier chant de Childe-Harold, le Chant du Sacre, ou la Veille des armes, l'Epître à M. Casimir Delavigne, et celle de M. Casimir Delavigne à M. de Lamartine ; augmentées de Méditations et de diverses Epîtres ; 4 vol. in-18, ornés de vignettes, papier grand raisin satiné. Prix : 18 fr.

On vend séparément :

MEDITATIONS POETIQUES (premières), treizième édition, précédée d'une préface par M. Charles Nodier ; ornée de 3 gr. en taille douce; 1 vol. in-18, imprimé sur papier grand raisin superfin. Prix : 5 fr. 5o c.

NOUVELLES MEDITATIONS POETIQUES, 4e

édition, augmentée de diverses Épîtres inédites, d'une méditation nouvelle, de l'Epître de M. Casimir Delavigne à M. de Lamartine, et de quatre vignettes gravées par Fontaine, d'après les dessins de Devéria ; 1 vol. in-18, imprimé sur grand raisin superfin. Prix : 5 fr. 50 c. Papier grand raisin vélin, figures sur papier de Chine. Prix : 10 fr.

LA MORT DE SOCRATE, poëme suivi du *Chant du Sacre*, ou *la Veille des Armes*, 1 vol. in-18, imprimé sur papier grand raisin superfin. Prix : 4 fr.

OEUVRES COMPLETES DE MOLIERE, édition revue sur les textes originaux, précédée de la Vie de Molière par Voltaire, et de son éloge par Chamfort, et ornée de 32 culs-de-lampe gravés par nos meilleurs artistes, 1 vol. in-8. Prix : 15 fr.

OSMOND, par l'auteur d'Elisa Riwers et de Marguerite Lyndsay ; deuxième édition. 4 vol. in-12. Prix : 12 fr.

Sous presse :

HISTOIRE DES CAMPAGNES D'ITALIE, par B. Saintine ; ornée de portraits, cartes et plans.

RESUMÉ GEOGRAPHIQUE DE LA RUSSIE, par Alphonse Rabbe. 1 vol. in-18, orné d'une carte coloriée.

POESIES INEDITES de madame Amable Tastu.